第一二八辑

OLD PHOTOS

老照片

主编 冯克力

执行编辑	赵祥斌
特邀编辑	张 杰
	丁 东
	邵 建
美术编辑	王 芳
特邀审校	王者玉

山东画报出版社

图书在版编目（CIP）数据

老照片.第128辑/冯克力主编.—济南：山东画报出版社，2019.12
ISBN 978-7-5474-3328-7

Ⅰ.①老… Ⅱ.①冯… Ⅲ.①世界史—史料②中国历史—现代史—史料 Ⅳ.①K106 ②K260.6

中国版本图书馆CIP数据核字（2019）第291601号

老照片.第128辑
冯克力主编

责任编辑 赵祥斌
装帧设计 王　芳

出 版 人 李文波
主管单位 山东出版传媒股份有限公司
出版发行 山东画报出版社
　　　　　社　　址　济南市市中区英雄山路189号B座　邮编 250002
　　　　　电　　话　总编室（0531）82098472
　　　　　　　　　　市场部（0531）82098479　82098476（传真）
　　　　　网　　址　http://www.hbcbs.com.cn
　　　　　电子信箱　hbcb@sdpress.com.cn
印　　刷 山东临沂新华印刷物流集团有限责任公司
规　　格 140毫米×203毫米　1/32
　　　　　6印张　145幅照片　120千字
版　　次 2019年12月第1版
印　　次 2019年12月第1次印刷
书　　号 ISBN 978-7-5474-3328-7
定　　价 20.00元

本社对全部图片及文字享有专有出版权，任何单位和个人使用本书作品，须经本社同意。
如有印装质量问题，请与出版社总编室联系更换。

目 录

马庆芳　杨衡善　义兼师友
　　——马衡与王国维的友谊 ……………………… 1
陈探月　胡适亲历的一次"盛举" ……………………… 17
胡舜庆　黄侃赠友的题字照片 ……………………… 22

王一飞　1935年：黄河董庄决口抢险相册 ……………… 28
秦　风　1938年：宿县的城墙 ……………………… 44
孙国辉　1945—1947：吴绍同镜头里的上海 …………… 53

顾　颖　别离事，人生常有 ……………………… 69
叶广隶　我奶奶 ……………………… 74
刘晓岚　我的婆婆 ……………………… 87
仰红野　老妈从军记 ……………………… 98

杨　光　冲天雄鹰
　　——缅怀抗日烈士杨一楚 ……………………… 108

张继琳	蒙古亲王那彦图和那王府	117
朱 霞	朱枫的家国情怀	123
存 桂	兄弟情深	128
王玉柱	音符的故事	136
李承言	难忘的农村户口	149
李全举	四十年的同学情 ——我和德国留学生库尔特·维思加	157
徐厚来	忆沂水县文艺宣传队	168
蔡力杰	一块巨石的往事	176
杨廷华	80年前的米脂一家人	181
冯克力	《老照片》与百姓"尊严"	187

封　面　1946年的于右任（孙国辉）
封　二　宿县古城墙（秦风）
封　三　蒙古亲王那彦图后人的家庭合影（张继琳）

义兼师友

——马衡与王国维的友谊

马庆芳 杨衡善

王国维（1877—1927，字静安，晚号观堂，浙江海宁人）与马衡（1881—1955，字叔平，别号无咎，浙江鄞县人）是两位民国时期著名文史学者。二人相识交往近三十年，虽然早年都支持维新改良，但辛亥革命后在赞成帝制还是共和上产生了分歧。因为研究学问、解析金石历史奥秘、追求学术真理是他们共同的人生志趣，政治上的分歧并未影响两位学者的友谊。最近出版的现存两人的八十七封往来书信，记录了面对不断出现的考古新发现和新课题，他们的艰辛探索和惺惺相惜之情，留下了极具学术价值和人文情怀的温馨记忆。

1916年，王国维由日本回国，与马衡都居住在上海，此后两人往来密切。也是从这一年开始，王国维的治学方向从中西学兼治转向专治国学，两人的学术领域完全重合。现存两人往来书信的时间在1919年至1927年之间，此时王国维已学贯中西、跨越古今，达到人生的学术高峰，在哲学、文学、美学、文字学、历史学、考古学等诸多领域均取得突出成就，成为中国颇具世界影响力的人文学者。而比王小四岁的马衡此时还只是潜在的大师。马衡1920年受聘成为北京大学史学系讲师，讲授新开设

图1　王国维像　　　　图2　马衡像

的金石学；1922年担任北大考古研究室主任，不久升为教授兼任北大研究所国学门导师和考古学会主席，在当时中国考古学界已有相当影响。1927年王国维去世后，清华大学接受陈寅恪的建议，聘请马衡担任清华国学研究院特别讲师，以接替王国维的教学工作。此后马衡于1933年辞去北大教职，担任故宫博物院院长多年，成为我国近代考古学先驱和博物馆事业的重要奠基者。1955年去世前，他将毕生收藏的文物图书资料近两万件（卷）全部捐献给故宫博物院。2005年，当时的文化部副部长兼故宫博物院院长郑欣淼著文《厥功甚伟　其德永馨》纪念马衡先生："古人云：'太上有立德，其次有立功，其次有立言。'此乃人生之'三不朽'。人生在世求之其一已属不易，而马衡先生在德行、功业、著书立说三个方面都有所'立'，都令我们永远感念。"

在现存的王国维书信中,很大一部分是家信,其他信件大部分是写给罗振玉的,但写给马衡的数量也不少于四十通。这显示了两人关系密切,友情颇深。两人往来信札的主要内容是学术讨论,与现代学者的学术交流极为相近。讨论的多是金石学和考古学问题,涉及青铜器、虎符、度量衡、石铎、古文字等方面。此外,北京大学是中国最早建立的国立大学,学术资源丰富,此时又位处首都,经常协助政府文教部门承担一些国家文化教育管理和研究工作,例如国史编纂、文物的保存研究与管理、国家历史档案的收存与研究、清室财产的善后、涉外

图3 王国维、马衡与北大同人在中央公园合影。自左至右分别为:佚名、张凤举、沈士远、周作人、王国维、马衡、马裕藻、沈兼士、沈尹默、陈大齐、佚名。拍摄时间约为1924年。

文物的管制，并参与国际学术交流。马衡是这些活动的积极参与者，他获得的学术信息也是二人书信中交流讨论的内容。马衡在每封信落款处姓名前均署以"后学"，尊王国维为师长，向他请教问题，请他审订《金石学讲义》书稿。两人在往来通信和见面中切磋讨论，交流心得和见解，互赠学术资料与著作。王国维毫无保留地指导马衡，回答问题。马衡的见解和工作成果也对王国维产生了颇多启发。马衡在王国维逝世后回忆："忆自（民国）十二年秋，先生于是时来北京，乃相与摩挲、审辨，有所发明则彼此奔走相告，四年以来未尝或辍，而今已矣，无复质疑问难之人矣。读此遗编，倍增怅惘。"这段文字生动描述了两位学者的学术交流及失去请益对象的沉痛。

1921年，马衡牵头在北大集资，帮助王国维在中华书局出版《唐写本切韵残卷》。《切韵》是隋朝陆法言的重要音韵学著作。王国维根据法国学者伯希和在敦煌发现的唐写本辑、录、写后影印出版，为学术研究做出了贡献。唐"写本至劣，别体讹字甚多"（罗振玉信），经整理抄写后才更具学术价值。王国维在1922年2月13日写给马衡的信中说："《切韵》得兄纠资印行，得流传数百本以代钞胥，沪上诸公亦均分得一册，甚感雅意也。"

蔡元培先生1916年出任北京大学校长，支持新文化运动，提倡学术研究，主张"思想自由，兼容并包"，吸收容纳不同观点的学者担任教职。他十分重视王国维的学术贡献，四次委托与王友好的马衡出面，聘请王国维参加北大学术研究工作。1917年和1918年马衡两次代表北大邀请王国维出任北大文科教授，王国维均婉言谢绝。1920年底，马衡又发信聘请王国维为北大通信研究教授。王国维1921年2月6日回信以"惟近体

图4 梅兰芳与国内外友人在私宅合影。右三马衡、右五法驻华参赞、右六蒋梦麟、左五梅兰芳。拍摄时间约1923年。

稍孱,而沪事又复烦赜"为由辞谢,但答应"俟南方诸家书略整顿后再北上,略酬诸君雅意耳",态度已有松动。马衡1922年3月12日和14日连发二函,恳请王国维就北大教职。12日信中写道:"大学讲席先生坚不欲就,而同人盼望之私仍未能已。拟俟研究所成立后先聘为通信研究之教授,不知能得先生同意否?又同人近组织一中华史学会……拟邀先生入会,谨寄呈草章一份。如蒙俯允,曷胜欢迎!"14日信又表达了盼望王国维就职的深情:"昨呈一书,计蒙鉴及。大学同人望先生之来若大旱之望云雨,及频年敦请,未蒙俯允。同人深以为憾。"由于罗振玉此时已应邀出任北大研究所国学门导师,加上北大多次诚意邀请和马衡的情谊,王国维终于答应了北大聘约。马衡四请王国维的故事传为北大优良办学方针的佳话。此时北大

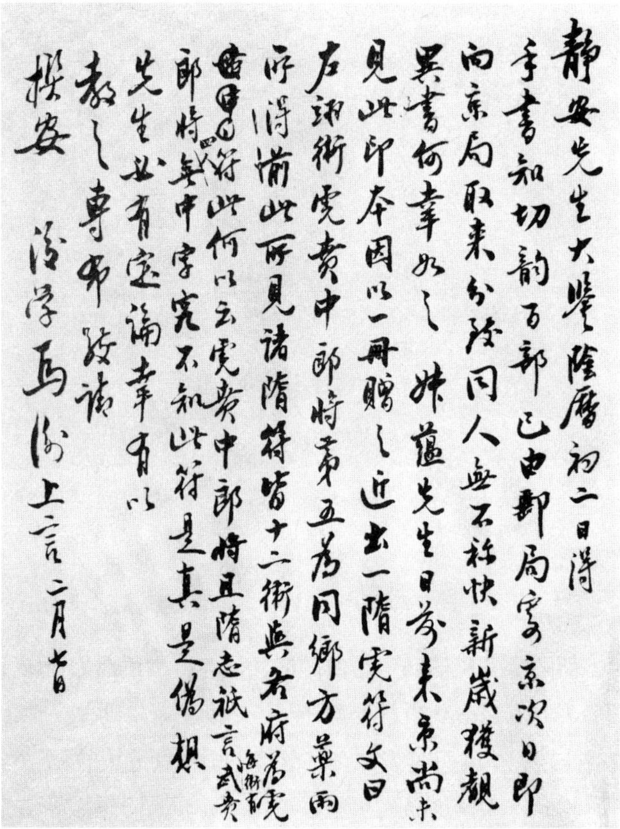

图5 马衡1922年2月7日（农历壬戌年正月十一日）致王国维信

静安先生大鉴：

阴历初二日得手书，知《切韵》百部已由邮局寄京，次日即向京局取来分致同人，无不称快。新岁获睹异书，何幸如之！叔蕴（罗振玉字）先生日前来京，尚未见此印本，因以一册赠之。近出一隋虎符，文曰"左翊卫虎贲中郎将第五"，为同乡方药雨所得。前此所见诸隋符，皆十二卫与各府为虎符，此何以云"虎贲中郎将"？且《隋志》只言"每卫有武贲郎将四人"，无"中"字。究不知此符是真是伪，想先生必有定论。幸有以教之。专布，敬请撰安！

后学马衡上言 二月七日

人文荟萃，成为全国学术研究重镇，新文化和新思想发展传播中心。陈独秀称赞北大说："这样容纳异己的雅量，尊重学术自由思想的卓见，在习于专制，好同恶异的东方人中实所罕有。"

王国维与马衡是浙东同乡，都接受传统私塾启蒙教育，打下深厚的国学基础。他们都聪敏早慧，十余岁便考中秀才。在内忧外患西学东渐的时代剧变之际，二人都放弃了科举仕宦之路，接受新思想和新知识，在不长的新式学校教育后，靠自学成才。他们都淡泊名利，醉心学术，对国内发现的大量文物饶有兴趣，选择学术研究作为终生事业。他们都热爱中国传统文化，认为中华优秀文化具有普世价值，同时对西方文化和国外学者都抱开放心态，乐于学习他们的长处，王国维曾断言："异日发明光大我国学术者，必在兼通世界学术之人。"他们对人文精神和科学精神的追求，反映出爱国情怀和进步倾向。二人都有中国传统士人气质和情趣，皆能诗善书。王国维现存诗词共一百一十三首，大多为词作。他的诗词多有哲学思辨及人生感慨。其咏史诗以简洁词语概括宏大历史，见解不俗，小词亦多佳作，表现了他融通中西的深厚学术功底。马衡现存诗七十八首，这些古体诗是在强敌入侵、山河破碎、文物西迁、颠沛流离的抗日战争中写的，充满感事伤时、忧国忧民的家国情怀。马衡诗的风格韵味颇近杜甫诗，他那时的处境也和杜甫相似。他有几首诗专集杜诗而成，可见他对杜诗的喜爱。两位大师皆擅长书法。王国维书法气清质朴，法度谨严，不乏晋韵唐风，颇具大家风范。这与他的学习、品德和性格都有关系。其作品以楷书和行楷为主，中小楷字居多，传世作品多是手稿和信札。马衡善书精篆刻，曾担任西泠印社社长多年。他和沈尹默共同主持北大书法研究会，发表过书法专著论文，对我国

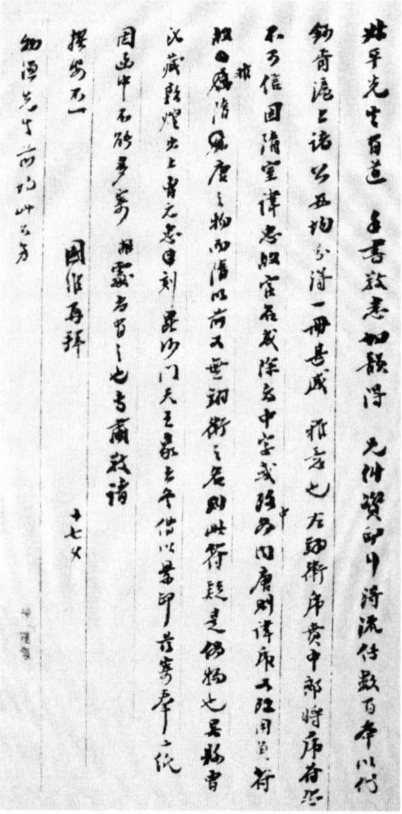

图6 王国维1922年2月13日（农历正月十七日）致马衡信

叔平先生有道：手书敬悉。《切韵》得兄纠资印行，得流传数百本以代钞胥，沪上诸公亦均分得一册，甚感雅意也。"左翊卫虎贲中郎将虎符"恐不可信，因隋室讳"忠"，故官名或除去"中"字，或改"中"为"内"；唐则讳"虎"，又改用鱼符，故非隋唐之物；而隋以前又无"翊卫"之名，则此符疑是伪物也。吴县曹氏藏敦煌出土《曹元忠刻毗沙门天王象（像）》，去冬借以景（影）印，兹寄奉二纸，因函中不能多寄，敝处尚有之也。专肃，敬请撰安不一！

国维再拜 十七夕

书法艺术的普及和提高有所贡献。基于金石学的深厚功底，马衡篆、隶、行、草皆运笔自如，尤以篆书见长，章法平匀，线条流美灵动。其作品最多的也是信函和手稿。马衡性格外向，待人热诚，幽默健谈，朋友众多。

马衡始终奉王国维为师，而王国维性格虽然内向，但对于好友，还是能深交的。正如马衡所言："他平生的交游很少而且沉默寡言……所以有许多人都以为他是个孤僻冷酷的人。但

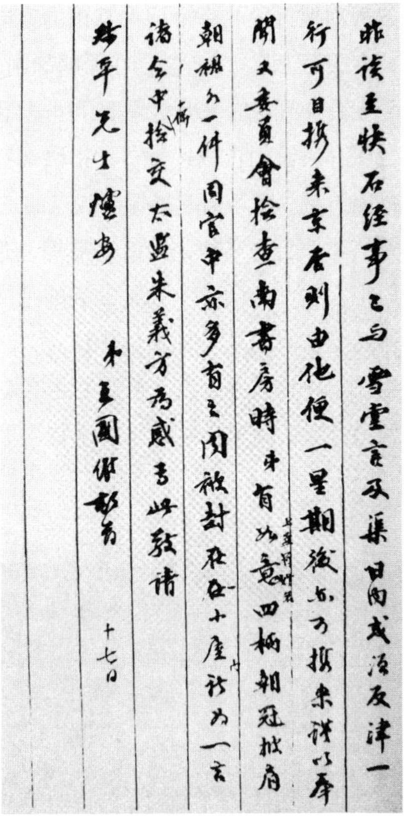
昨談至快石經事已與
雪堂言及渠日內或須反津一
行可自携來京否則由他便一星期後亦可携來謹以奉
聞又委員會檢查南書房時弟有如意四柄（上並有姓名）朝冠披肩
朝裙各一件同官中亦多有之同被封在一小屋內祈為一言
諸會中一併檢交太監朱義方為感專此敬請
叔平先生爐安
弟王國維頓首
十七日

图7 王国维1924年11月13日（农历十月十七日）致马衡信

昨谈至快！石经事已与雪堂（罗振玉号）言及，渠日内或须反（返）津，一行可自携来京，否则由他便，一星期后亦可携来，谨以奉闻。又委员会捡（检）查南书房时，弟有如意四柄（上并有姓名），朝冠、披肩、朝裙各一件，同官中亦多有之，同被封在一小屋内，祈为一言诸会中，一并捡交太监朱义方为感。专此，敬请叔平先生炉安！

弟王国维顿首　十七日

是其实不然，他对于熟人很爱谈天，不但是谈学问，尤其是爱谈国内外的时事。他对于质疑问难的人，是知无不言，言无不尽……真不失真正学者的态度。”当然，友谊最重要的基础是两人都有高尚的道德自律和人格操守，为人忠厚正直，都是正人君子，因而能互相信任，欣赏，宽容，“和而不同”也只有君子才能做到。

1924年两人的友谊经受了两次严峻考验。1924年溥仪之叔载洵拟拆除北京海淀大宫山的玄同宝塔,因涉及古物,引发社会关注。北大考古学会在派顾颉刚、李宗侗、容庚等人调查后,于8月9日在《北京大学日刊》上刊发"研究所国学门考古学会保存大宫山古迹宣言",指出文物古迹的重要性,并将矛头指向清室。宣言引起持保皇观点的王国维不满,他于8月11日致信沈兼士与马衡,为清室辩护,并愤而辞去北大教职,撤回原拟在北大《国学季刊》发表的论文。虽然王国维情绪激动,但还是留有余地。他在信中说:"二兄素明事理,于此'宣言书'竟任其通过发表,殆偶失之不检,故敢以意见陈诸左右。"两个月后,冯玉祥发动北京政变。北京政府11月5日通过《修

图8 清室善后委员会点查组在故宫养心殿前留影。右三为马衡。

正优待清室条件》，永远废除皇帝专号，将故宫开放备充国立图书馆、博物馆之用。当日即资遣太监宫女出宫，送溥仪移居什刹海醇王府。在这两次事件中，王国维的政治观点及所处立场都与马衡对立，但王国维与罗振玉不同，他不参与溥仪的复辟活动。大宫山事发生后，马衡有意挽留王国维而未果。北京政变后，小朝廷解体，王国维宫内“南书房行走”职务终止。而马衡则随即参加清室善后委员会，该会的任务是“会同清室近支人员，协同清理公产、私产，昭示大公。所有接收各公产，暂责成该委员会妥慎保管，俟全部结束，即将宫禁一律开放，备充国立图书馆、博物馆等项之用，借彰文化而垂久远”。马衡和他的二兄马裕藻教授都是该委员会的干事，二十八名干事中有北大教授多人。显然马衡以后工作的故宫博物院，正是清室善后委员会后继产生的。两次事件并未影响他俩的友谊，事后两人往来书信并未减少，从此时到王国维去世的两年半间，现存的往来书信仍有

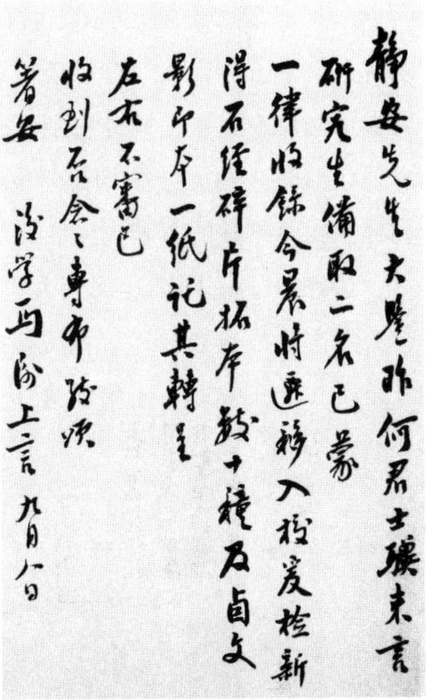
靜安先生大鑒：昨何君士驥來言，研究生備取二名，已蒙一律收錄，今晨將遷移入校。爰檢新得石經碎片拓本數十種，及卣文影印本一紙，託其轉呈左右，不審已收到否？念念。專布，敬頌著安！
後學馬衡上言 九月八日

图 9 马衡 1925 年 9 月 8 日（农历七月廿一日）致王国维信

静安先生大鉴：昨何君士骥来言，研究生备取二名，已蒙一律收录，今晨将迁移入校。爰检新得石经碎片拓本数十种，及卣文影印本一纸，托其转呈左右，不审已收到否？念念。专布，敬颂著安！

后学马衡上言　九月八日

三十一封之多。小朝廷瓦解后仅一周,王国维11月13日致信马衡,信中首句即为"昨谈至快",可见二人12日见面交谈还是非常愉快友好的。信中还托马衡代为寻找留在宫内南书房的朝服和如意。两人继续切磋学问,交流资料,问病问安,表现了君子和而不同的宽容大度。

1926年,王国维遭遇到人生的多事之秋。先是8月长子王潜明因伤寒病英年早逝,痛失爱子后,亲家罗振玉又不与王国维商议,带三女儿(王潜明妻子)回家,且不接受王潜明的抚

图10 1912年,南洋公学师生返校合影。前排居中者为福开森,第二排右五为马衡。福开森是美籍汉学家、教育家和文物收藏家,他曾担任南洋公学监院(院长),马衡是他赏识的学生。1934年,福开森将一千余件贵重文物捐赠金陵大学,他和马衡、王国维等学者关系密切友好。

恤金。两人因家事产生矛盾。罗振玉性格强势，竟因此在11月发函与多年好友兼姻亲绝交。接连的打击使王国维心情极为不快，但他和马衡的友谊及学术交流并未受影响。12月1日王国维致马衡信中谈到长子的伤寒病："亡儿之病，中西二医并有贻误，亦不能专咎西医，即病者自身亦枪法错乱。总之，运数如此，无可说也。"信中还谈到马衡的伤寒病："前日何君士骥（何士骥是马推荐给王的清华国学研究院研究生）来，具悉大驾在沪曾患伤寒，此次还京尚未复原。此病之后，调理甚为重要，仍请节劳为荷。"信中最后写道："弟上星期六曾至历史学会演讲一次，晤福开森，始知兄已北归，但时晚未及奉访。此次北归后只此一次进城也。有讲稿数篇，另寄呈教。他日入城，再行奉访。兄体新愈，不可远涉也。"这般亲切的交流和细致的关怀，表明了两人的深厚友情。

1926年7月1日，广州国民政府发布北伐宣言，出兵北伐，征讨吴佩孚、孙传芳、张作霖等北方军阀。工农学生革命运动高涨，国内外各种新旧势力交错复杂，剧烈冲突。1927年4月张作霖派兵包围北京苏联大使馆，捕杀李大钊等共产党人；蒋介石在上海公然背叛革命。在斗争空前激烈的情况下，社会失序并出现一些过激行为。4月11日，长沙农工商学各界团体召开农民协会公审大会，以"封建余孽，豪绅领袖"等罪名，判处前清进士、著名学者叶德辉死刑。此外，谣传湖北著名学者王葆心被北伐军枪毙；国民党上海特别市党部竟在通缉"著名学阀"的呈文中将辛亥元老、国学大师章太炎列为其首，一时人心惶惶。梁启超在其3月21日家书中写道："今日下午消息很紧，恐怕北京的变化意外迅速，朋友多劝我早为避地之计（上海那边如黄炎培及东南大学稳健教授都要逃难）……"王国维和王葆心是好友,在听闻叶德辉、王葆心的消息后,心情很坏。6月1日,清华国学研究院举行学期结束例行的叙别会,师生共进午餐。在跟山西学生卫聚贤同桌吃饭时,王曾经询及何处可以避难,卫建议他去山西,可到太原兴贤大学任教。当天何士骥从城里赶来参加聚会,并转达北大马衡和沈兼士教授之意:请王先生进城,住在他们家,北大同人会保护他,还建议王先生最好先把辫子剪掉。研究生们纷纷劝王先生进城。王国维只是平静地回答:我自有办法。梁启超在聚会结束时起立致辞说:"吾院苟继续努力,必成国学重镇无疑。"致辞后又说:"党军已到郑州,我要赶到天津去,以后我们几时见面就很难说了。"当天的《世界晚报》刊登了《戏拟党军到北京后被捕人物》,

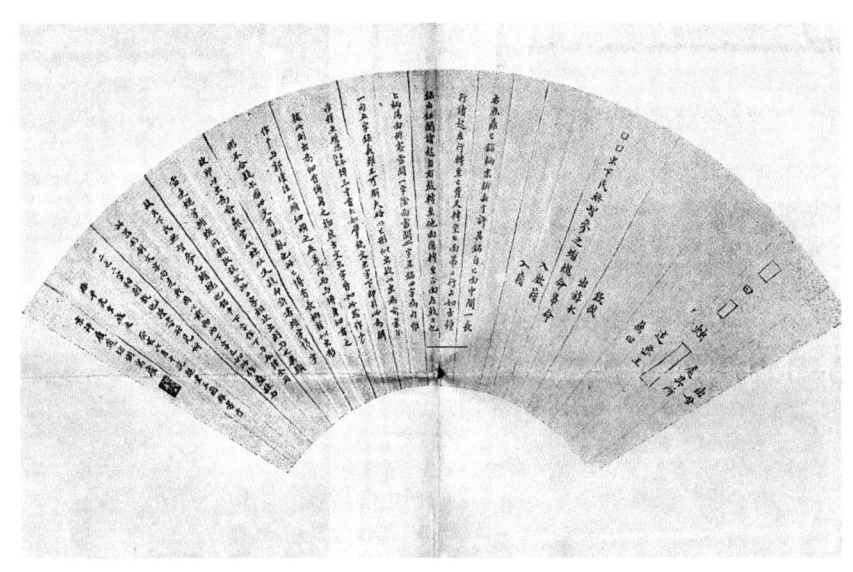

图11　王国维赠马衡手书折扇

图 12 清华大学海宁王静安先生纪念碑正面及碑铭

文中预测国民党会抓捕王先生。第二天王国维在颐和园投湖自沉。6月3日，马衡出席清华大学王国维入殓送殡仪式，参加者有清华大学曹云祥校长、梅贻琦教务长、吴宓、梁启超、梁漱溟以及燕京大学容庚等教授和国学院研究生。当月马衡应聘任清华国学研究院特别讲师，接替王国维的教学工作。7月马衡在日本刊物《文字同盟》第四期"王国维专号"发表了致该刊回函："前得惠书，征求静安先生遗文及表彰静安先生之著。弟愧不能成文，不足以表彰其道德文章于万一。"仅向该刊推荐了王的遗著，以表达对亡友的敬仰。该刊登载了其兄马裕藻挽王国维联：志洁清廉，求仁得仁。王国维投湖自沉后，罗振玉竟伪造遗折把王打扮成殉清遗老形象。梁启超、陈寅恪等人撰文为王辩诬。11月马衡也在《国学月报》上发表《我所知道的王静安先生》，否认王国维是为清室"殉节"，说王"既有长子之丧，又遭挚友之绝，愤世嫉俗而有今日之自杀"。并引证王的著作和与王的谈话说明，"所以我说他的辫子是形式的，而精神上却没有辫子"，以为好友辩白。梁启超在其6月13日家书中写道："静安先生自杀的动机，如他遗嘱上所说：'五十之年，只欠一死，遭此世变，义无再辱。'他平日对于时局的悲观，本极深刻。最近的刺激，则由两湖学者叶德辉、王葆心之被枪毙。……静公深痛之，故效屈子沉渊，一瞑不复视。"

　　两年后的1929年，清华国学院师生建立"海宁王静安先生纪念碑"，纪念这位开风气之先，兼容中学西学，无分新学旧学，在文史哲多种学科承前启后，贡献卓越，得到国内学界一致悦服，国际东方学学者普遍尊敬的杰出学者。此碑由陈寅恪撰文，林志钧书丹，马衡篆额，梁思成拟式。四位都是大师级学者。碑文高度评价王国维读书治学追求真理的成就，强调了他的独立之精神和自由之思想。这是经过辛亥民族与民主革命洗礼和五四运动"科学与民主"启蒙后中国知识分子的心声，他们已经认识到自由已成为世界多数民族的核心价值观。

　　（本文作者马庆芳和杨衡善分别是马衡先生的侄孙和侄外孙）

胡适亲历的一次"盛举"

陈探月

胡适先生 1915 年刚到哥伦比亚大学攻读博士不久,赶上了 10 月 23 日在纽约市举行的纽约州争取妇女参政权的游行。他在《胡适留学日记》里记录了这一"盛举":"十月二十三日纽约城及附近各地之女子选举会,因纽约省选举期近(十一月二日),女子参政一问题将于是日由全省公民投票公决,故举行'女子参政大游街'。'游街'者,英文'parade',以其似吾国之游街也,故以是译之。"

胡适说,"游街之目的大率有二,(一)以宣示宗旨,(一)以鼓动观听,一言以蔽之,曰,示众而已,所谓登广告是也。是日之女子参政大游街为千古未有之大盛举。与游者男妇四万余人。余与张奚若立第五街观之,至三小时之久,犹未过尽云。是日游街之最足动人者盖有数事。(一)秩序之整肃。数万人之大队非同小可,而乃能井然有条如此,勿谓此中无人也。(二)心理之庄严。与游之人,固属少年男女居多(西人四十以下皆为少年),而中年以上之妇女亦不少,头发全白者亦有之。望之令人肃然起敬。(三)女教习之多。中有一队全属纽约及附近之妇女教员,其数亦不知有几千(美国中学以下教员多由女子充之)。此等妇女对于国家社会负何等责任,服何等劳役,而犹忍剥夺其公民之权耶?(四)游行者之坚忍耐苦。是日大风寒,其女子之持大帜者皆寸步与大风相撑持,终无一人半途散去,其精神可敬也"。

胡适在谈到邻近新泽西州(纽吉色省 New Jersey)女子选举本月失败时说,"纽吉色省乃美总统威尔逊氏之本省。威氏于前月宣言赞成本省妇女参政问题。选举期届,复亲回乡投票。其内阁中人之属于此省者亦皆宣言赞成此案。然此案卒未能通过。以一国元首之赞助,而不能使其乡人附从之,此亦可见西

图1 1915年10月23日,在纽约第五大道上争取妇女参政权的游行。胡适和张奚若是成千上万男士围观者中的两位。照片来自美国国会图书馆。

图2　游行中妇女用担架抬着投票箱。照片来自美国国会图书馆。

方人士独立思想之高,不轻易为位高爵尊者所怂动也"。

胡适还描述了杜威先生帮助游说的情景:"一夜,余在室中读书,忽闻窗下笳声。临窗视之,乃一汽车,中有妇女多人,盖皆为女子参政之活动者也。中有女子执笳吹之,其声悲壮动人。途人渐集车下。笳歇,中一女子宣言,大学藏书楼前有街心演说会,招众人往赴之。吾遂往观之。有男女数人相继演说,亦都不恶。余忽见人丛中有杜威先生(Professor John Dewey),为哥伦比亚大学哲学教长,而此邦哲学界第一人也。余初以为先生或偶经此间耳,及演说毕,车门辟,

图3 参加游行的威尔逊总统的侄女玛格丽特（Margaret Vale）。图片来自美国国会图书馆。

先生乃登车，与诸女子参政会中人并驾而去，然后乃知先生盖助之为进行活动（campaigning）者也。嗟夫，二十世纪之学者，不当如是耶！"

胡适在11月2日公投当天的日记中写道，反对者胜利，

图4 1915年8月,新泽西州妇女在Long Branch赌场贴宣传画。图片来自美国国会图书馆。

但是赞成者有五十万人之多,"则虽败犹足以豪也"。

美国1920年通过宪法第十九条修正案,其中规定:"美国公民的投票权不得因性别因素而被联邦或任何一州拒绝或限制。"美国全国的妇女最终得到选举权。

黄侃赠友的题字照片

胡舜庆

前几年在南京王伯沆周法高纪念馆,王伯沆先生之女王绵先生出示了一帧珍藏已逾百年的泛黄照片。照片中身着长袍马褂的持杖老人端坐椅上,虽在垂暮之年,但目光炯炯,慈祥中透着忧思。照片背面有黄侃墨笔题记:"此先君子(按:指其父黄云鹄)丙申(1896)三月在武昌江汉书院中所照相,时年七十八。其后二年,岁在戊戌(1898),八月十九日卒,距今忽一世矣。孤露之生,萍浮南北,独此像板常在箧中。伯沆先生,先子门人也,今年始晤于上元(南京之古称)。先生感念旧恩,常垂匡诲,敢印一幅奉贻,俾先生如睹先子颜色。戊辰(1928)八月廿二日,孤侃泣记。"

黄侃(1886—1935),字季刚,号运甓,湖北蕲春人,黄云鹄幼子,章炳麟弟子,历任南北多所大学教授。黄侃精研音韵训诂,为一代国学大师,著有《尔雅音训》《音略》《文心雕龙札记》等。照片主人公黄云鹄(1819—1898),字缃芸、翔云,咸丰三年(1853)进士,官至四川永宁泸州分巡道。他为官清正廉明,主张王子犯法与庶民同罪。人誉为"黄青天"。

黄云鹄常将俸禄捐赠慈善事业,在四川雅安领衔捐修雅材

黄云鹄光绪二十二年（1896）三月摄于武昌江汉书院。

书院、青衣桥、金凤寺等。在得罪权贵辞官后，他虽贵为二品大员，却家无余财，仅数十箱书籍。他一生修身积德，勤苦治学，以学行著称，历任湖北两湖、江汉、经心三书院山长（院长）。1891年回乡第二年，他以七十三岁高龄受聘远赴江宁（今南京）尊经、钟山书院。著有《实其文斋诗钞》等。

照片题记中"孤露"，指幼年丧父或父母双亡而失庇护，

王伯沆 1937 年摄于家中

黄侃十三岁丧父,失去了父亲的荫庇,所以自称"孤露之生""萍浮南北",黄侃感慨人生如寄,萍踪无定。题记中提及其父及伯沆,均另起一行,以示对其父的尊崇,对伯沆的爱重。题记虽寥寥三行,但坦露心曲以抒情寄慨。

黄侃 1928 年离开沈阳东北大学,赴南京应中央大学之聘,自此与南京结下不解之缘,前后在宁生活了八年。此照的主人公王伯沆(1871—1944),名瀣,别署伯谦,晚号冬饮,中央

阮大铖《咏怀堂诗集》王伯沆题跋

大学教授，早年就读尊经书院、钟山书院，每试常名列案首。教师在其课艺（作业）上批语："说理深通，造语名贵，是有经籍气者。"黄云鹄"召之温勉，为述学问之要"（钱堃新《冬饮先生行述》）。可见黄云鹄对其之器重，并授以学问之道。《黄侃日记》中亦有记载："王伯沆言次念我先君，云：甲午、

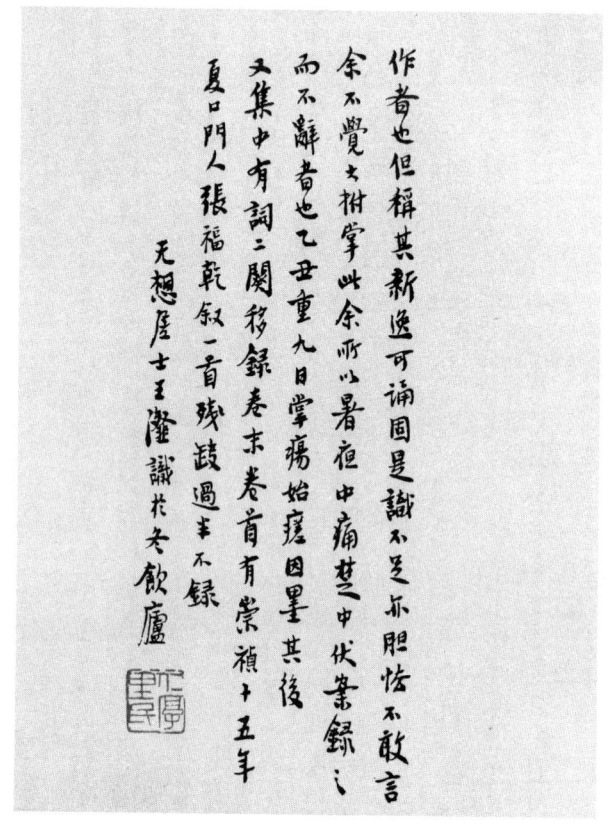

阮大铖《咏怀堂诗集》王伯沆题跋

乙未间，应尊经书院试。因执贽进见，其时先人（按：黄父云鹄）曳朱履，扶杖行篱落间。与之语云：'子文虽取，却非定佳。然天才可成，宜用力读书以自立。'"王伯沆专心教学与治学，终成国学大师。王驾吾、陈寅恪、陈训慈、唐圭璋、常任侠、郦承铨、卢冀野、潘重规等皆出其门下。著有《王东饮先生遗稿》，

《冬饮丛书》一、二辑和《王伯沆批校〈红楼梦〉》等。

王伯沆后来知道,这位博学刚直的同事黄侃是恩师云鹄之子,倾盖之间颇感相见恨晚,相处中感情分外深厚,成为生死不渝的挚友。《黄侃日记》有记:"以先人照像赠王伯沆世兄,从其请也。题记像后,不禁悲感。"可见黄侃也是感情丰富的学者、诗人。

黄侃性格狂狷,治学严谨勤奋。他教学治学,以"发扬民气",以"继绝学、明旧章、存国故、植邦本、固种性"为己任,毕生致力于研究中华传统文化。他还说过:"士以志气为先,不以学问为先。读书人当以四海为量,以千载为心。"

30年代中央大学文学院名家云集,有王伯沆、胡小石、黄侃、汪东、吴梅、汪辟疆等名教授。黄侃与教师、学生相处关系非常融洽,他与王伯沆相交莫逆,互敬互重,常互赠书籍,诗文唱和,结伴出游,访古探幽。

黄侃病逝后,王伯沆忍泪含悲撰联悼念亡友,联曰:"情深文跌宕,气迈酒波澜,白眼看天,世有斯人容不得;生感雀张罗,死拼蝇入吊,青人归远,我来思旧黯相呼。"

黄侃题字照片不仅使王伯沆可常睹恩师慈颜,而且背面题字也饱含友情的抚慰。故伯沆什袭珍藏,虽历经抗战、"文革"劫难竟奇迹般保存下来。这帧照片见证了两代人的深厚情谊,也是研究民国学术史的珍贵实物资料。这帧珍贵照片已在去年,连同王緜先生多年在海外古玩店购买的胡小石行书、吴梅楷书扇(背面是吴湖帆青绿山水)等文物悉数捐赠给王伯沆曾任教的中央大学(今南京大学文学院),化私为公,文物得其所哉。

1935年：黄河董庄决口抢险相册

王一飞

黄河既是孕育中华民族的母亲河，历史上也是危机四伏、灾祸频仍的一条险河。"据史料记载，自周定王五年（公元前602）至1938年的二千五百四十年间，黄河下游共决溢一千五百九十次，大的改道二十六次，平均三年两决口，百年一改道"（侯全亮主编：《民国黄河史》，黄河水利出版社2009年版）。山东淄博云志艺术馆所藏《民国黄河董庄决口抢险相册》，记录的便是1935年7月发生于山东鄄城的一次黄河决口。相册中照片逾三百张，附以简洁的图片说明（为保留图册原貌，其图说皆原文采用），以时间为序，详细地记录了民国二十四年伏汛期间，发生在山东鄄城董庄附近的黄河决口灾情及堵口抢险工程的全过程，是反映近代黄河治理的珍贵影像史料。

1935年的董庄决口，是南京国民政府时期一次严重的黄河水灾，据载："民国二十四年七月十日晚，山东鄄城董庄民埝因漏洞溃决，旋官堤亦决，淹鲁苏两省二十七县，受灾面积一万两千二百一十五平方公里，受灾人口三百四十一万余，其中死亡三千七百五十人，财产损失一亿九千五百万元。"（侯全亮主编：《民国黄河史》）足见此次决口灾情之重。

东平县运赴东阿之灾民,摄于1935年9月1日。

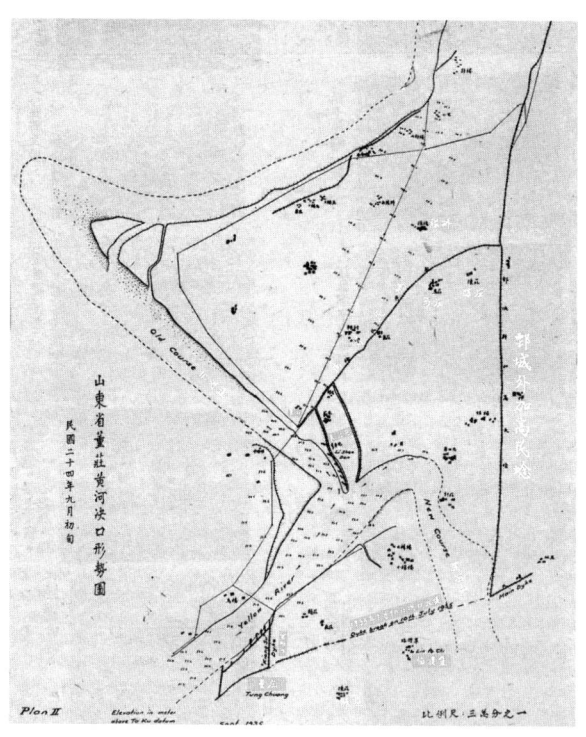

《山东省董庄黄河决口形势图》（民国二十四年九月初旬）

此外，董庄决口抢险还有一段特殊的舆论背景。1933年8月，河北长垣石头庄黄河决口引发流域性大水，导致豫、冀、鲁、陕、绥、苏等六省六十七县受灾，灾区面积达一万两千平方公里，灾民达三百二十九万六千人。而作为长垣抢险的冯楼堵口工程，在完工一个月后的黄河伏汛中口门复决，酿成巨灾。南京国民政府与黄河水灾救济委员会，因此处在舆论的风口浪尖之上。最终负责冯楼堵口工程的河北河务局局长孙庆泽被撤职查办；担任黄河水灾救济委员会工赈组主任的孔祥榕，则被监察院监委邵鸿基以"修堤不坚，糜款误工"为由提起弹劾。虽经中央公务惩戒委员会审议后，孔祥榕并未受任何惩戒，还升任黄河水利委员会副委员长，但一时舆论难平。

在严重的灾情与舆论压力之下，从中央到地方的各级政府及相关机构都对董庄决口抢险极为重视。尤其是堵口工程被移交由黄河水利委员会负责后，已成为代理委员长的孔祥榕赴董庄亲自督办。在董庄堵口合龙后，孔祥榕亲拟碑文并书丹，在黄河大堤上立"董庄决口合龙碑"。如今石碑仍立于鄄城苏泗庄引黄闸旁，后人评其碑文"有撰文者自我标榜之嫌"。这本《民国黄河董庄决口抢险相册》的制作或也有此目的，但摄影的特点是相对真实而客观，因此这本相册中的珍贵历史影像，仍为我们提供了一个了解民国黄河水灾及董庄决口抢险工程的绝佳契机。

一、董庄决口灾情记录

1935年的黄河董庄决口自7月10日李升屯的民埝溃决，至11日临濮集的官堤又决。短短一日间，在董庄到临濮集间约三公里长的黄河大堤上便出现了六处决口。曾参与堵口工程的郝子善在《一九三五年黄河决口济宁灾情的回顾》一文中回忆道："一九三五年（民国二十四年）七月十日，黄河水位陡涨，下午突然狂风呼啸，大雨滂沱，鄄城县李升屯、南赵庄一带之民埝先行溃决，接着水势汹涌，向前泛滥。当晚八时许，鄄城董口到临濮集之间的官堤又告溃决。继之在董口以西决口两处，被定为第一、二口门，分别宽度为二十三丈、二十七丈八。董口与临濮集之间溃决的官堤为第三口门，宽三十余丈。复于第三口门以西临濮集东北又决口两处，即第四、五口门，分别为

山东李生屯民埝决口四处，此为一部分情形。摄于1935年7月11日。

第五口门西堤头。摄于1935年7月15日。

大溜顶冲临濮集。摄于1935年7月15日。

东平湖内斑鸠店被水淹没之状。摄于1935年8月31日。

宽三十余丈、四十丈不等。次日（十一日）水位溢涨，临濮集北官堤又决一口是为第六口门，其宽五十余丈，冠于前五口门以上。"《民国黄河董庄决口抢险相册》中关于此次灾情的照片自决口次日始，几乎是事件发生后第一时间的影像记录。

11日之后，黄河水势有增无减，董庄各口门险情也随之愈甚，"至八月九日，第五、六口门已被冲坍塌，合二而一，宽约六七里之距，夺大溜水势七成以上。黄水出此口门后，大部向东南流，漫菏泽、郓城、巨野、嘉祥、济宁、金乡、鱼台等县，沿洙水河、赵王河注入南阳、昭阳、微山各湖，再由运河入江苏省"（黄炎：《黄河董庄决口视察记》，《工程周刊》5卷5期，1936年）。

在如此凶猛的洪流之下，鲁西南地区成一片泽国，房屋冲毁无数。北平华洋义赈会总稽核季履义与工程师张季春在《山东黄河水灾救济报告书》中说："乘船视察水灾，仅获达到嘉祥、巨野两县之县城，所过各处村落几于全被水淹，无可落足之处，立于夹板用千里镜遥望之，四面环水，毫无涯际，水面间有黑团露出，乃系村中未尽沉没之房顶也。"

二、灾民救济

第34页图初看时，似是农庄环翠，水泛轻舟，流露出一种闲适的画意。但读毕图片说明，慨然感伤。其实无论灾情轻重，首当其冲者是灾民。三百四十一万余灾民安置工作，是当时山东省政府的一项重要且工作量巨大的赈灾事务。工赈与外迁收容是主要的两种安置方式。

工赈，即以工代赈。这种方式既可就近安置灾民，稳定民心，又能有效地解决救灾河工的劳动力问题，是历代黄河治理的重要方式。在董庄堵口工程中,亦有大批灾民以工赈的形式参与到抢险工作中。在彼时以手工工具为主的施工条件下,黄河堵口与其说是靠政府施救,不如说是靠灾民自救。大量的灾民加入堵口施工中,用自己的双手重建家园,展现出他们对未来生活的坚定信念。

此外,在决口发生后,山东省政府也积极组织灾民外迁收容。政府调集船只,将灾民运往地势较高的地区,并通过济宁往山东省内铁路沿线的各县市安置灾民。据《山东黄河水灾救济报告书》统计:"鲁省政府之临时办法系移灾民于灾区以北地势较高诸县,约二十二万人,其余因乏船只,逐渐运往济宁,再乘火车转运往沿铁路各县,各日平均二千人,截至八月十八日止,运出之灾民计十八万。"

另有统计称,至9月27日,由济宁运出的灾民计装

水乡中人烟稀少,此为留恋家乡不忍去者之一。摄于1935年8月25日。

坝上工人。摄于1936年3月20日。

一百四十七列车，合二十四万三千五百四十四人，由各灾县直接运出的灾民则有三万零五百八十九人。另外还有约十五万灾民自行迁逃出外谋生。灾民收容的费用由山东黄河水灾救济委员会支领，至次年春季，灾民方开始遣归还乡。

三、董庄堵口之经过

董庄决口发生以后，时任山东省政府主席韩复榘于1935年8月18日在董庄召集会议，协商堵口方案。黄河水利委员会副委员长孔祥榕提出："主于江苏坝附近择地筑堤挑溜，冲刷对岸新滩，于姜庄民堰外挑挖引河，延筑江苏坝及李升屯残堰为堵口，东西坝基进展堵合。"此方案经会议通过后，由山东省政府组织的董庄堵口工程处依照办理。11月，山东省政府以事繁不及兼顾为由，向国民政府申请将堵口工程交由黄河水利委员会主持推进。此时孔祥榕已升任黄河水利委员会代委员长，堵口工程由其全权负责。

根据孔祥榕的方案及实地勘测，董庄堵口工程被分为巩固李升屯埝头、培修江苏坝及圈堤、加固圈堤各坝、建筑新堤、接长挑水坝、挑挖引河、进占及合龙七部分。董庄堵口工程整体进展顺利，至山东省政府移交时，培修江苏坝及圈堤已完成过半。至1936年3月27日，董庄堵口工程成功合龙。这一系列施工过程也正是《民国黄河董庄决口抢险相册》记录的重点，

新运河内之难民船。摄于1935年9月1日。

其中不仅记录了堵口的全过程，还记录了决口合龙后的月堤修建、大堤培修等善后工程。

《民国黄河董庄决口抢险相册》中照片的拍摄与编辑可谓严谨有序，自决口之初的灾情调查，灾民安置，至堵口抢险的工程经过，及合龙后的善后工程，完整而清晰。其中像东西坝进占及口门合龙等重点工程节点，还有多视角的详细记录。而画面本身在保证信息传达清晰的同时保持构图的形式感。可惜的是，目前还无法确定这本相册的作者是谁，针对这一点的进一步研究可能会为我们的解读带来更多的维度。

四、董庄堵口与治黄理念之争

民国时期，随着一批到国外学习先进水利技术的留学生归国和外国水利专家来华，近现代治河技术开始在中国应用。受此影响，国内水利界也出现了新旧理念之争，并派生出"专家治水"与"官僚治水"两大派系。1935年的黄河董庄决口事件便是二者的一次重要交锋。

提出董庄堵口计划的孔祥榕，是孔子七十五代孙，毕业于京师译学馆，长期从事水利工作，在董庄堵口之前，孔祥榕曾在永定河河务局任上主持过永定河堵口工程，在黄河水灾救济委员会任上主持过黄河长垣冯楼堵口及贯台堵口工程。他也是"官僚治水"的代表人物，一贯主张保守的"堵口"策略。"堵口"既能标榜政绩，又能向社会表现政府爱民救国的形象，即所谓"近效最著、言论最盛"。而且自清代以来，堵口成为黄河治理的主要措施，几乎逢决必堵。在黄河下游地区甚至形成了普遍存在的堵口风俗——民众会在堵口前举行祭礼，以求得到"大

董工办公处大门。摄于1936年1月16日。

东坝里头后之进占埽基。摄于1936年1月9日。

西坝进占。摄于1936年1月11日。

自第四挑水坝坝头远望西坝进占。摄于1936年1月11日。

王""将军"的保佑。而堵口成功之后,往往还要建祠立碑,歌功颂德。(尹北直:《民国防汛减灾工程决策的非技术因素探析》,《中国农史》2010年第2期)

两度赴德留学的李仪祉是我国现代水利建设的先驱,"专家派"的代表人物。他在《黄河之根本治法商榷》与《黄河治本的探讨》等文中,一改我国几千年来只着眼于黄河下游的治水理念,主张治理黄河要上中下游并重,被认为将我国治理黄河的理论和方略向前推进了一大步。关于董庄决口抢险,李仪祉根据现场巡察情况及民国十四年濮阳决口的成功处置经验,提出了开垱掘堤、导流入本的"因势利导"方案。但山东方面以舍小救大、民意难遏为由,并未执行。此前李仪祉因孔祥榕

第二引河放水。摄于1936年3月20日。

口门外水塘中窑（堀）出淤泥。摄于1936年3月29日。

合龙时之一刹那间。摄于1936年3月27日。

合龙占已沉入水中。摄于1936年4月5日。

月堤开工。摄于1936年4月1日。

灾民演戏酬神。摄于1935年8月29日。

升任黄河水利委员会副委员长,便已萌生退意。待堵口计划确定便更加心灰意冷,最终辞去黄河水利委员会委员长一职。

如今看来,就当时的情况而言,"堵口派"的策略确实比李仪祉的"因势利导"方案更符合政府和民众的诉求。李仪祉的辞职也并非只是意味着"专家派"逐渐式微,如其在《本年董庄决口救济水患之失机》中所言:"黄河之利害关系如是之巨,而不能使其脱离地方性,则势必省与省相逆,县与县相逆,如是尚能言治河乎?"——以统一河政为目标的黄河水利委员会并未改善各地分治黄河的困境。

(图片由云志艺术馆提供)

1938年：宿县的城墙

秦 风

在许许多多我买过或看过的侵华日军相册中，大阪日军军医小野正男的七大本相册及其一千多张底片，是迄今最具文献价值的。一般认为，日本军官相册的文献价值主要是作为侵华证据，尤其是屠杀中国人的现场照片。但由于日军有严格的审查制度，这类照片很少流出，十分稀见。小野正男也拍过这一类的照片，不过他还有另外一类照片，在日军相册中更为少见，也就是他还记录了民国时期的中国城乡景观。

1937年，小野正男随日军上海派遣军参加了淞沪会战，随后沿着长江两岸经过江南城镇，最后进入南京。1938年，小野正男随着日军的铁蹄北上徐州，旋又经过河南信阳，在该年底进入武汉。简单说，小野正男拍摄的城镇连起来就是日军第一年作战的路线。由于他不是第一线的救护兵，所以并不参加前线的工作，而是在位置稍后的野战医院工作。每一次战役后的休整时间，小野正男都抽空到处拍照。作为外国人，他似乎对所看到的一切都感到好奇，镜头不仅对准中国百姓，也对准古老建筑和自然风光。最让我惊讶的是，他拍了很多城墙的照片，而且不仅是城墙本身，还包括护城河以及在城墙上所看到的山野、树林等风景。他如果不是惊叹于眼中所见,我不认为他会刻意留下这些城墙和与城墙相辉映的风景。

民国时代,无论中外摄影家,拍摄的古城建筑主要是庙宇、宫殿、使馆、车站等,如果拍城墙则主要是拍城门,他们很少把城墙作为生活环境的一部分来拍摄。小野正男所留下的这些影像,把我们带回了各地城墙尚完好保存的民国时代,在这些

老照片 第一二八辑

城墙绝大多数都遭拆除的当下,引发了人们许多的遐想与思考。

2009年,我通过日本朋友的介绍,买进了四本小野正男的相册,其中有一百多张镇江的照片,后来转让给了镇江民间单位。来年,我意外地在中国书店的拍卖会上看见了小野正男的七本原始相册和一千多张的底片,同时还有一本完整的摄影日记。我这才发现,去年我所买的,只是小野正男的小样片,并

不是他正式洗印的照片。于是，经过一番"激战"后，终于抢拍下了我认为文献价值最高的日军相册和相关底片。

2015年，镇江的一个民间单位将小样片中的宿州照片交给了宿县政府，当地的文史人员看了大吃一惊，视为至宝。他们不仅看到了日军轰炸宿县的场景，也看到了民国时代宿县的城市景观，而这些建筑今天都已完全消失了。宿县政协文史部门用这批照片举办了展览，出版了专著。而我后来得到的此宗正式冲洗的照片和底片，正期待着更广泛的用途。

1945—1947：吴绍同镜头里的上海

孙国辉

中国台湾资深摄影家、九十五岁的吴绍同老先生于2019年4月11日晨7时许因病辞世，我们二十多年的摄影交往就此戛然而止。关于吴绍同先生的摄影生涯，我在《拍鹤老人吴绍同》（见《老照片》第一二五辑）里已有所述，此不赘言。

老人生前给我发过来几组他年轻时，也就是1945年至1947年在上海拍的照片（其中一组"选美"的照片，已刊在《老照片》第一二六辑，这里刊出的是其他几组）。

自幼喜爱摄影的吴绍同，最初不隶属任何新闻单位，用他的话说只是一个"个体户"，但他想方设法拍到了不少有意思的照片。拍这部分照片时，他已是上海《益世报》（由教会所办）的摄影记者，得以合理合法地到各种场合拍照。两年多，他拍了若干题材的照片一百六十六卷（约四千张），为抗战胜利后的上海留下了一份宝贵的影像记录。1947年，吴先生应聘到台湾从事摄影工作，上海的摄影活动遂告结束。

在此，我将吴先生分几次寄来的作品，分类介绍如下（以拍摄年份为序）：

图1

一、航模比赛

航模一直是爱好者们不懈钻研的项目。图1中一架似乎装有发动机的航模，正要从用硬纸板拼成的跑道上起飞，一台照相机正对着做准备动作的外国人士，四周围满了观者，一位执勤人员在维持秩序。图2中有人正用一根橡胶筋弹射一架极轻极薄的木质飞机模型。看环境，这次比赛活动好像是在上海郊外的田野中举行的。

图2

二、蒋介石在上海

1945年抗战胜利后,蒋介石到上海三民主义青年团三分部参加抗战胜利庆祝会。

会场按照当时通行的格局布置,国民党党旗、青天白日满地红旗、孙中山像皆按规矩悬挂。从蒋介石在要员和侍卫的陪护下进入会场开始,到侃侃训话,以及亲自向女青年颁发锦旗(图3)等过程,尽摄于底片上。

三、航拍上海

1946年,吴先生有幸参加了一场活动。那便是当时的中华航空公司为答谢记者,特别安排飞机载几家媒体的摄影记者在

图 3

上海上空翱翔数圈,让大家尽情拍摄。吴老把这组照片(图4)发过来后,让我找一找岁数大的上海人询问一下,看能不能指认照片上的建筑是哪里,现在有何变化。吴老说:"我现在因眼疾看不到了,记得当时似乎看到有跑马场,还有另一架飞机从我们飞机的下方飞过……"本人身居塞外,赴沪次数有限,认识的上海人也不多,更无法辨识出是什么地方,今昔对比更无所措手足,希望读者诸君慧眼辨识一下七十三年前的上海建筑及地形风貌。

四、欢迎孔、张、潘校董莅校致训

校董是合作学校或私立学校的主要出资者(资金投资或学术投资)。校董一般组成学校董事会,可以决定学校的各项重

图4

大事务。

  三位有名的校董来校,同学们踊跃来参加欢迎仪式。

  关于这一题材,吴先生传来七张照片:学生们举着标语板,上写"欢迎孔张潘校董莅校致训——中国新专全体同学致敬";

孔祥熙演讲；张继演讲；潘公展演讲；孔祥熙、张继、潘公展三人合影；孔、张、潘与学校校长等（图5）合影；孔、张、潘与学校师生合影等。

在传来的照片后，吴先生还附了一段说明，原文如下：

> 回忆一下三位七十年前的风云人物　吴绍同　摄影
>
> 找到一份七十多年前的资料，那是关于我的母校"上海中国新闻专科学校"的三位校董来校演讲的事。
>
> 第一位　张继，董事长，他是中华民国著名政治家，也是中国国民党的元老。
>
> 第二位　孔祥熙，中华民国财政专家，曾任南京国民

图5

政府行政院长兼财政部长,长期主理国民政府财政。

第三位　潘公展,新闻、文化界元老,著名学者。

对于三位有名的人物来校,同学们十分踊跃来参加聆训。

五、接收日本赔偿中国军舰

吴老在这组照片的说明里这样写道:

民国三十六年五月接收日本赔偿军舰升旗典礼　吴绍同　摄影

民国三十四年九月,日本战败投降之后,条件内有赔偿我国军舰若干艘。已在一年内分批驶抵上海,当时我与上海各报记者按消息时间在吴淞口等待,但空等一天不见踪影,未能拍到。今仅得后办的赔偿舰升旗典礼,如今看来虽已是明日黄花,但睹影思之,有令人不胜今昔之感……

这组照片中,有海军江南造船厂大门上悬挂的写着"接收日本赔偿军舰升旗典礼"的横幅的影像、有海军官兵队列和在军舰主桅上冉冉升起的青天白日满地红旗的影像(图6),还有参加仪式的中国海军军官、西方人(看帽徽应为美国海军军官)和戴日本军帽的日本人的合影(图7),等等。这都证明日本赔偿中国军舰是确实存在的。

二战后,中国虽未获得战争赔款,但象征性地获得了一点物资赔偿。

当时,盟军总部决定将日本三军装备就地摧毁,日本海

图6

军残留的大型作战舰,如航空母舰、战列舰、巡洋舰等或被解体拆毁,或被拖往军事演习区域做靶舰,潜艇则一律凿沉或解体。剩下的驱逐舰、巡防舰及运输舰共一百四十二艘,盟军总部决议,作为象征性的赔偿,由中、美、英、苏四强均分。

1947年6月28日，四强均分日舰典礼在东京第一大厦（盟军总部）礼堂公开举办。四国先拟定抽签顺位，中国抽得第二，再抽取均分舰种，中国抽得驱逐舰七艘、护航舰四艘、巡防舰十三艘、扫雷艇七艘及各型运输舰三艘，合计三十四艘，总吨位三万五千余吨。

六、旧上海的著名建筑

吴先生写道：

> 从拍摄照片（图8）的1946年10月到现在的2018年，经过了七十多年的岁月，已经从原来旧的上海市，在经济、

图7

文化上……有了很大很大的进步，也是现在所称的有了翻天覆地的变化。

在这张照片的背景中，可以看到一些当时的建筑，经与在上海的老友们研究，能够记忆到一些原建筑的名称，现在想来已是遥远的回忆了。

在照片的中央是当时上海的著名建筑——"国际大饭店"，高二十四层，是当时上海市也是远东地区最高的建筑。在国际饭店的右方有座高楼是当时上海有名的四大公司之一"大新公司"，现在改名为"上海第一百货大楼"；在右后方的远处有一圆顶高楼，那就是四大公司中的"永安公司"及"先施公司"。我当时拍这张照片的立足点是当时跑马厅草地中的某一点。解放后原来空间广大的跑马厅被改名为人民广场，其空间分隔为许多的建筑方块，例如，上海市政府、音乐厅、图书馆、博物馆，等等。现在，我已找不到我原来摄影的立足点在何处了。

展示这一张1946年所拍的上海古旧景物照片，用意是想和现状做一比较，以发现与现状有多少不同，说繁荣到底繁荣到什么地步。所以依我一个旧照片的原摄者来说，内心有一个很大愿望：能在原摄影点拍到一张现状的照片。但是，当年我是一个二十郎当岁的青年，时光飞逝七十多年过去，目前我已是九十多岁的老头了，虽然身体还算健好，但已有了视障，看来这一愿望已经无法实现，要找到原摄影的地点也几乎是天方夜谭了。想要实现还要依靠我的好友及摄影大军中热心的同好们相助，更要借助目前进步的摄影工具及技术，克服诸多困难来完成。完成一张与旧照片同地标同位置的现状照片，应该可以看到原来空荡

图8

荡的空间中增加了多少繁荣——七十年中所增加的繁荣。希望读到这封信的同好们,也转告你的摄影好友,能共同帮助我完成这个心愿,在不久的将来看到这两张相隔七十年的照片,满足我这个老上海老友的心愿,谢谢!

九十四岁老头 吴绍同

接着吴先生写道：

"先施公司"及"大新公司"等四大公司，与现在的上海风貌相比，只能评价为"空荡荡"。

七、于右任到"中国新专"演讲

"美髯公"于右任是中国近现代著名政治家、教育家、书法家。早年为同盟会成员，他不仅长期在国民政府担任要职，亦为复旦大学、上海大学、国立西北农林专科学校等著名高校的创办人，更是被誉为"当代草圣"的书法家。

这是民国三十五年（1946）秋，时任国民政府监察院院长的于右任以校董身份到吴绍同就过学的中国新闻专科学校做学术演讲时，吴绍同拍摄的照片（图9）。

八、"古董菊展"

关于这次菊展的照片，吴老这样附言：

"古董菊展"民国三十五年十一月八日于上海市　吴绍同　摄影

这是七十三年前的上海市工务局主办的菊花展览会，所以我把它称为"古董菊展"。其与目前台北市士林每年的菊展不同，所以特别提出来向现在的读者介绍一下，让大家做一个比较，想必一定会有所感触，因为这中间有了

图 9

图 10

图 11

七十多年的时光空间,有了很多的历史变迁,可惜我没有把当年上海市的菊展拍得很完整,这是遗憾。

笔者曾问过吴先生,台北士林指的是"台北士林官邸"吗?答曰:是。蒋介石和宋美龄1950年5月迁入士林官邸,直至1975年4月蒋介石去世。这期间,据说因宋美龄喜欢菊花,每年都要在这里的广场举办菊展。

吴先生拍摄的1945年由上海工务局主办的菊花展览会(图10),照片没说明地址,看来是片宽敞的场地,大门口扎起的"菊展"临时牌坊也小有气势,用菊花拼成的"菊展"和花坛也算得上有规模,但单盆的菊花看起来不过平平(图11),这也许和我们现在看到的琪花瑶草、姹紫嫣红般的菊花远难相比。

九、吴国桢检阅义务警察大队

民国三十五年(1946)十月十日,上海市市长吴国桢在跑马厅检阅市警察局义务警察大队。

这组照片,吴先生拍摄有以下画面:跑马厅大门外警员在临时搭建的竹牌坊前站岗,牌坊上悬写有"上海市警察局义务警察总队"及"双十节检阅典礼"横幅;上海市市长吴国桢在警界长官陪同下检阅警队(图12);警队通过检阅台;还有吴国桢台上讲话的场面及特写。吴先生在随附的说明中说:"图的右后方是上海市西藏路上著名的基督教的教堂'幕而堂',现已改为'沐恩堂',尚存在着。"

吴国桢(1903—1984),字峙之,湖北人,清华大学毕业后赴美留学,获经济学硕士、政治学博士学位。1926年进入政界,

图 12

得蒋介石垂青,逐次擢升。曾任汉口市市长、重庆市市长、外交部政务次长、国民党中宣部部长及上海市市长(1946年2月—1949年3月)。去台后历任"台湾省主席""行政院政务委员"。1949年元旦,中国共产党公布了包含四十三名"战犯"的"战犯名单",吴国桢位列第十七名。1953年,吴与蒋介石反目而"请假赴美",从事教育和著述。旋被蒋介石明令撤销"政务委员"并开除出中国国民党。1984年,正当他翘首盼望回到阔别三十余年的祖国大陆怀抱时,突然病逝于美国。

吴老先生曾告诉我,将从他在民国三十四至三十六年拍的那一百六十六卷胶片中选出一人部分传给我。没想到转瞬间先生与我阴阳暌隔,再看到他所拍照片的想法已成云烟。每思先生,心情陡添恻然。

别离事,人生常有

顾 颖

寒风吹水,白雨横秋。二姑过世,享年八十九岁。风嘹月唳,并付一丘土。

至此,图1中的五位长辈都已挥手离去。照片中间是爷爷,照片左侧是大姑和大姑父,照片右侧是二姑和二姑父。

听爸说,那年爷爷去看刚刚结婚不久的大姑和二姑,奶奶在家照看其他几个孩子,爷爷跟大姑二姑在沈阳老相馆照了这张合影。照片里的长辈们都泛着陈年油画般的沉潜韵致,每个人都眼光明亮,神采飞扬,整洁清贵。尽管他们那时都各自经历了政局板荡,虽坎坷,虽困顿,却也遍野寒香,不失书香子弟的清贵之气。

这些长辈们的笑语、往事,一个个在我的记忆里慢慢变老、相继逝去。岁月宽厚,让他们苍老得亲切、优雅而体面。

寒风吹水,白雨横秋。

衣香鬓影里拆掉的记忆如青苔斑斑的老照片。

儿时,每到正月初二初三我们都到大姑二姑家过年,孩子一堆,好吃的一堆,我和妹妹的年龄与她们的孙辈儿相仿,两个姑姑对我俩格外喜爱。我上小学时,二姑带着外孙跟我和妹妹坐好远的公交去逛街的情形,现在想来像是穿越。儿时晕车的我，站在挤满乘客的无轨公交后排，拽着二姑的衣袖一句句问："到了没？到了没？还有几站？"这样的焦急语气跟二姑一遍遍"还有两站，快了"的回答，像无限循环的小数，在我的记忆里来回重播。最后到了终点，一共坐了二十多站，那"还有两站"的安慰，终于奏了效，我竟然挺着到了站也没吐出来。

二十多年后，在我跟我的儿子壮壮看了四五十遍的《怪物史莱克》系列电影中，我找到了难得的相似一幕。那头贫嘴的驴子坐在驶往菲欧娜公主娘家的车里，想着那个"远得要命王国"，驴子一路不停地不耐烦地问史莱克"到了没？到了没？到了没？"史莱克一遍遍地回答"还没！还没！还没！"那情形跟当年我在公交车里跟二姑的一次次问答一样聒噪，至今犹能清晰感受到我那时胃里翻江倒海的痛苦滋味和期盼终点的急切情绪，生动鲜活得要命。那二十多站的行驶和停靠，像是我坐了有二十多年那么久远漫长。

高中住校，两个姑姑经常吩咐表哥表姐给我送好吃的。高二的一个周末，二姑陪着我逛北站地下商场时，路遇她的老同事，老人看着我跟二姑，对二姑说我家优良的遗传基因如何体现在明亮灵动的眼睛上时，我侧身看着二姑微雪的秀发带着简捷的波浪，精致的五官添了些细腻的皱纹反而更显灵秀。在二姑水波云动的眼睛里，我看到了她作为二小姐独有的高傲。那是骨子里沉淀的气息，虽年老亦不能抹掉。

近些年，爸不时去陪独处的二姑住一阵。最美的小姐变成了最美的老妪，二姑灵活的头脑有时把爸气得不得了，但到底手足情深，老姐弟之间血脉牵着数十年，仍旧各自惦念。

三年前跟二姑一起吃饭时，菜丰、酒美、话多。席间，二姑气色清莹，谈兴甚浓，有声有色地讲起爷爷奶奶待子女如何

图1

慈祥善良,讲奶奶昔年如何家藏甚富、如何聪明美丽,讲我们顾家的女孩子哪一代都要葆有十足的大小姐风骨,讲她上学时梳着板凳头在日本人管理的学校里小心翼翼地求学。说了许多人生花开花谢的无常,听她思维敏捷地回忆和评论,谁也不相信那是一位八十多岁老太太的知性沧桑。

每一次与或远或近的亲人之间沟通、说笑,当时情景都有序地挂在记忆里,一件件,一条条。当其人离去时,这些山河岁月,随之一股脑儿地串在一起砸在眼前,似乎并未湮逝。

去年七月时,二姑还和我们谈笑风生,问壮壮的中考,谈她两个开大飞机的孙子。这个我们顾家的二小姐,这个旧派才

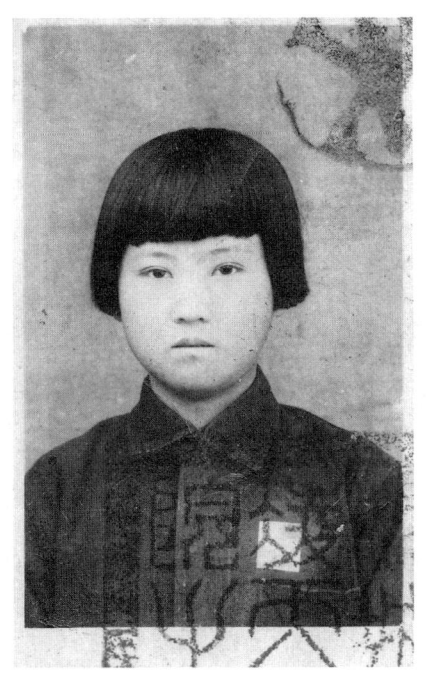

图2

女到老依然不改清高凛冽的个性，连绵的笑意很宽，一脸的细纹，一脸的字。

十一期间刚给二姑做了蛋糕、面包等一大堆好吃的，老人家每样都吃得开心，还惦记着我之前的月经不调有没有好。

当时，我竟不知道，八九十岁的老人会像一盏密室中的烛光：看起来很淡定，其实随时会跳跃、会熄灭。

半个月后，这个一辈子不屑取媚世人的二小姐竟然被突如其来的病魔压倒了。我现煮的一大罐子热奶茶她竟不能喝下一口，国庆节时的对话竟成了最后一次沟通。

无论人有多么刚强自信，病魔都不给机会让你在弥留之际存一息说出只字的力量，面目尽失，直至湮灭殆尽。前几小时还拽着我的手试图醒来的二姑，到医院时已深度昏迷了。医生说不会醒了，问表哥表姐，最后需不需要插管抢救。儿女们实在不忍心看着老人痛苦不堪地离去，坚决地回答不抢救。只愿安静地陪伴再也苏醒不过来的老人默默地一点点熄灭。

风嘹月唳，并付一丘土。

生于气节中美丽，死在纯洁里永生。

我只能在文字里点染那些旧事，这些萧条的伤逝之思，散乱、絮叨，只希望通过回忆和文字能慢一些淡忘这个老人鲜活的一生。

去人自远，言犹在耳。

正如大伯父去世时我说过的，人永远不知道，谁哪次不经意地跟你说了再见之后，就真的不会再见了。每一个平淡的日子都值得尊重，每一个还在身边的人都需要珍惜。认真告别，用力重逢！

别离事，人生常有。这些世间的伤逝之痛或许就如同二姑八十九年前在老宅院里的出生，来不及哭出声，天就亮了。

素秋的风吹来，随风而逝的暮鸦，无语凝噎的喉头，不舍昼夜的时光，夜空即将盈满的月……

愿身边人长似，月圆时节。

（注：图2是学生时代的二姑。我家影集里只能找到这两张二姑的老照片，其他照片还放在二姑的家中，大姑的其他照片也都在其儿女家中保存，一直没有机会给她们扫描存档。）

我奶奶

叶广隶

一、"奶奶,我想你!"

清明节,我想我奶奶了,想得毫无征兆,泪流满面。我奶奶若是活着的话,今年该有八十五岁了,可她六十七岁就没了,留给了我十八年的思念。

我跟我奶奶长到十六岁,我离家住校的那一年,我奶奶就得病了,半年后,她就走了。我奶奶走得安详,老头在家做饭,儿子夜夜陪床,儿媳给洗头擦澡,大闺女、小闺女都回来了,孙女们在膝前围绕,独缺我。

我抱着这个遗憾,走过了一年又一年。我如奶奶的愿考上了大学,我如奶奶的愿回到她的家乡——山东定居,我如奶奶的愿找了个会做饭的男人,我如奶奶的愿生了个大胖儿子,我如奶奶的愿不靠男人经济事业独立自主。

可是我没有如我的愿,我奶奶没有成为祖奶奶,我没有陪着我奶奶再回趟胶东掖县(今莱州市)老家,我在济南的家我奶奶没有来过,我的大胖儿子我奶奶没有见过……我享了我奶奶十六年的福,我奶奶没有享我一天的福,我不如愿。

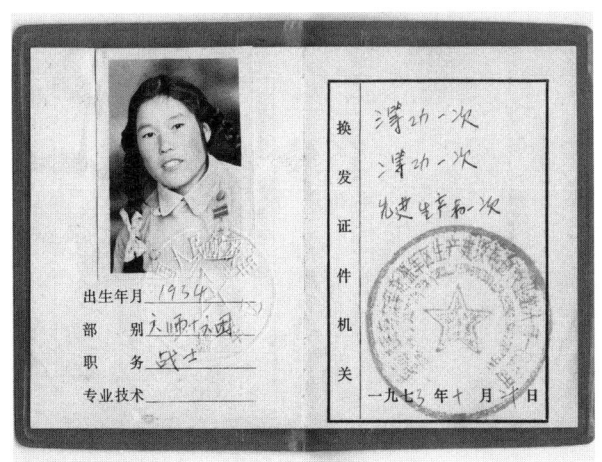

奶奶的复员证

二、胶东大嫚支边记

我奶奶是个胶东大嫚,1952年踏上了西去的列车,顶着"支边女兵"的光荣称号,怀揣着支援边疆建设的巾帼梦,来到了一望无垠的戈壁滩。她和同车的女兵们完成的第一个任务是支援边疆男军官们的婚姻建设。

我奶奶是小个儿美人,除了有她年轻时泛黄的黑白照片为证,还有我爸爸、我大姑、我小姑的黑白照片为证,其实这些还都不足为证,最大的证据在我爷爷的眼里。我爷爷作为所在兵团资历较老的、三十岁的男军官,有选妻的优先权。一群齐耳短发的女兵,穿着老棉衣站成一排,大眼小眼白脸黑脸胖瘦高矮都被老棉衣掩盖了。我奶奶能被我爷爷慧眼发现,我猜可能是她个子小站前排,还有她脸白眼大透着水灵。我爷爷作为广东人,一米八的大个子少见,骑马戎装照搁现在来看,也是

爷爷在十七师十六团任生产股参谋时的骑马照。摄于1953年。

极帅的。作为工作突出的老连长,他一定不好意思挑太久,免得被人嚼舌头。奶奶的个小和水灵,牵住了我爷爷的那一眼,也就是那一眼才有了我们家后来的故事。我的这些臆想不是空穴来风,小时候家里来了奶奶的老姐妹,我偷听过一耳朵:"老嫂子,你当年也是一枝花,不然老连长也不会一眼就相中你。"

爷爷在第六军十七师五十一团一营二连任排长时的戎装照。摄于1949年6月。

听得我奶奶咯咯笑。

我奶奶抠门，是个财迷。一张纸片也舍不得丢，一粒米也要捡起来吃了。我爸扔了她一个柜子，气得她差点儿和我爸断绝母子关系，连骂带唠叨，时长半年。我奶奶只打过我一次，那天放学我没回家，不知怎么就走到了别人家的西瓜地，看着西瓜花好看，欢天喜地采回来一大把："奶奶，看我手里拿的什么？""跪下！我看你欠收拾了！"正当我"丈二和尚——摸不着头脑"时，奶奶的扫帚条劈头盖脸噼里啪啦就下来了，疼得我哇哇大哭！我奶奶边打边念念有词："你知不知道你浪

奶奶复员后的照片，此时已身孕我爸爸。摄于1957年。

费了多少西瓜？地里的人多心疼你知不知道？从小让你背'锄禾日当午，粒粒皆辛苦'，你全忘了？我今天狠狠地打一顿，看你以后还长不长记性……"年少的我，记吃不记打，并没有长多少记性，浪费始终是我的生活常态。现在的我，有了孩子，跟他重新背诵"锄禾日当午"，我才体味到奶奶骨子里的那份惜物之情，那份对"粒粒皆辛苦"的维护。

我奶奶不仅爱惜东西，还爱存钱。这一点，我妹妹很得我奶奶真传，三岁就开始跟我奶奶学着拿纸糊钱包，五岁就把钱藏得满屋子找不着，上大学前所有的学费用的都是自己的存款，即使辞了"村官"赋闲在家，照样靠自己的手艺赚钱、存钱，装修的工作室可以做家居杂志封面照片。

开源节流两件事,我奶奶一辈子从不放松。她把节流做到了极致,以至于我们家里人以及和我家相熟的长辈们,提起我奶奶,一定是那句:"你奶奶,一辈子舍不得吃舍不得穿!"我奶奶善于开源,即使存折上的退休金分文不取,也耽误不了她给我们做好柴米油盐的大后方工作。

我奶奶没啥文化,所有的文化都是从扫盲班和后备女干部培训班学来的,我三年级之后她没再教我写过字,倒是每月让我帮她写家信。小时候我的作文常被语文老师夸"有真情实感",现在想来,少不了她口述的功劳。就是因为没文化,所以我奶奶没成为女干部,可她年年还是劳模,处处争先。这口气一直没咽下,她立志要让我们都成为有文化的人。当我们都有了文化之后,我才觉得我奶奶的算账本事和经济头脑,是一绝,至

爷爷(前排右一)、奶奶(前排右二)和奶奶的山东籍女战友们。摄于爷爷奶奶刚结婚的1955年秋。

今我也比不过。我的乘法口诀是她教的,我的百以内加减乘除是她教的,我第一次做买卖也是她逼着去的。

三、退休后"塔莎奶奶"的田园生活

我奶奶家有个半亩地大小的院子,每到暑假,瓜果飘香,应季蔬菜应有尽有,品相上乘,全团最优。一个夏天的卖菜收入成了我奶奶的小金库。从第一茬韭菜菠菜,我奶奶就开始隔三差五蹬着她那蓝色的小三轮,拉几兜兜菜,上面压着秤杆和秤砣,有时后面还会跟着三个小土妞,小的坐在三轮上,大的两个跟着跑,一溜烟地来到菜市场。铺开袋子,卖菜!小时候喜欢卖菜,因为卖了菜就可以去商店买巧克力,上中学后,就不喜欢了,怕碰见同学。可是我奶奶可不管这些,暑假卖菜就像是我们必上的补习班,我所有的经商头脑,就是那几个夏天练就的,当然"厚脸皮"也是。后来我当了记者,走南闯北,遇人无数,跟谁都能笑嘻嘻地聊上几句,我想这大概是托我奶奶的福。

我奶奶虽然财迷,但是和我爷爷各自经济独立。我奶奶拿着自己的存折,抠抠巴巴买米买面,我爷爷掌着自己的工资,大手大脚买大件。我奶奶退休后,工龄长,退休金不少,舍不得花。那年,我奶奶突然想回老家,看看自己的妈,但存折上的退休金一分舍不得取,孙辈尚小,儿女有心无力,她决定自己打工赚钱回老家。一个秋收,六十岁的奶奶打了三份工,掰玉米、摘棉花、卖红花。那个冬天,我奶奶兜里鼓鼓地回到了老家。现在,我也常常会有远行的冲动,无奈家用补贴、孩子奶粉钱、房贷油钱一项都逃不掉,我就这么放下了出门的打算,

奶奶怀抱一岁的我爸爸。1958年摄于新疆农六师蔡家湖照相馆。

在我三十岁的年纪。可是我六十岁的奶奶没放下,当年她远行三千公里,怕是比我今日出趟国门还难吧?劳动致富,靠自己的双手挣钱,然后揣着鼓鼓的腰包出门旅行,这是我奶奶版本的"劳动最光荣"。

"浪费粮食要挨打""劳动最光荣",我奶奶言传身教了我十六年,我自己又花了十六年独自领悟之后,才知道"老财迷"

留给我的传家宝是这两样。

我奶奶最爱养鸡。夏天的中午,如果不午睡,我会听见她在林子里跟她的宝贝鸡说话,每一只都有名字,花冠子、小黑、大黄花……当时觉得很好笑,现在才明白,原来当时我身边就住着一个"塔莎奶奶"。我奶奶养过一只大鹅,为了让鹅游泳,她专门在林子里挖了一个水池,她说大鹅是功臣,帮她保护小鸡。我童年记忆里就有了这样的画面:一只昂首挺胸的大白鹅,屁股一扭一扭,身体一摇一摆地走在前面,像个大将军,后面一群小花鸡跟着它,在林子里乱窜,每天傍晚,"大将军"会领着这群小花鸡按点回家,我奶奶清点数量,一个都不少!

我还见过老母鸡孵小鸡,等啊等啊等,终于看到了湿漉漉的小鸡破壳出来,我抓起来就往地上放,吧嗒一下,小鸡摔倒在地,我提起来一瞧,大叫着:"奶奶,快来啊!这个小鸡只有两只脚,老母鸡孵了个怪鸡。"奶奶瞪我一眼:"女孩子家,大惊小怪什么!你看看老母鸡几只脚!"长大后,我喜欢路边每一株植物,会跟小区里的小野猫们聊天喂食儿,我想这都是我奶奶教给我的。

中考那天,我起了个大早,在林边背英语,不知是我太投入,还是大公鸡有意捣乱,背着背着,突然觉得头上重重的,大公鸡不知啥时候飞到我的头上,开始打鸣,"妈呀,救命啊!奶——奶——快来啊!"我奶奶一个箭步从院子里冲出来,看谁惊着要考试的大孙女?一棒子把大公鸡敲得鸡毛乱飞。

考完试回家,奶奶问:"考得咋样?""题全会!""今晚,我们吃鸡!"

那是我奶奶给我炖的最后一只鸡,那次考试是我这辈子最成功的一次考试。从那以后,我没再考过第一名。奶奶去世后,我也不再吃鸡,啥鸡能比得上我奶奶炖鸡的滋味儿?

四、我爸的娘亲、我妈的"恶婆婆"、我们的"塔莎奶奶"

我奶奶是个老封建,家里所有人都说她重男轻女的思想严重,后来我想,我妹最应该感谢我奶奶,如果没有她抱孙子心切,就没有我妹了。我两个姑姑感受最深,我爸不回家我奶奶就不开饭,这个习惯直到我记事还有。估计我妈在这方面也没留下多少愉快的记忆。

我直到结婚生子,开始"婆媳战争",才彻底理解了我奶奶的重男轻女。哪个婆婆不爱儿?我想明白了我奶奶和我妈的婆媳故事,才放下了那颗和婆婆针锋相对的心。我爱我儿子,眼里容不下别人的爱,我想我以后也会当婆婆,也会挑剔我儿子的女人,因为我也认为我养大的儿子,他最好!

我爸在我奶奶去世后,喝酒喝得愈发厉害了,亲戚朋友都劝,家里人都怨,我也没少恨。有一天,我看到了一句话"世界上最疼我的那个人,她走了",我不知怎的,就想起了我爸,然后泪如雨下。

我奶奶就是那个最疼我爸的人啊!我奶奶走了,我爸心里有说不出来的痛啊!我想起了我妈说我爸喝多了酒,偷偷去我奶奶的坟上哭了好几回,那一瞬,我理解了我爸——

人们常常理解男人因为失恋而酗酒,也常常理解男人因为事业失意而借酒浇愁,可是谁又会理解一个中年男人因为失去母亲而醉酒呢?他再也听不到她那份事无巨细的唠叨,他再也感受不到她那份只等你回来吃饭的重要,再也没有女人这样打心眼里欣赏他,维护他,谁又理解得了?

爸爸（左）、姑姑（右）的小衣服都是奶奶自己做的，现在看来依旧洋气！

每个男人坚强的背后都是恋母的温柔。

我拿起电话，哭着跟我妈讲："以后再也不要怨我爸喝酒，我们都要对他好，我们加起来也比不过我奶奶对他的好！"

我奶奶盼了一辈子的孙子，没得着，可是对我们这仨孙女，一点儿也不含糊。六十岁的老太太，暑假一个人带仨孩子出游，老大五年级，老二四年级，老小幼儿园，逛完博格达水库，夜宿老战友家。一大早起程，赶公交，去乌鲁木齐逛完红山公园逛水上乐园。

直到我儿子三岁，我们夫妻二人带他去游乐园一天，累得半死回来，我想起了我奶奶——

一大把年纪带三个小孩儿，借宿别人家，那得多深的交情才可以啊？

一大把年纪带仨小孩儿，爬山下水玩一天，那得多大的精

1963年，回广州探亲合影。爷爷三十八岁，奶奶二十九岁，爸爸六岁，姑姑五岁。

力才可以啊？

一大把年纪带仨小孩儿，攒钱出游不怕意外，那得多深的爱意才可以啊？

不是所有的奶奶都可以的。

如果没有我奶奶，我想我们姐妹仨的童年会少了百分之八十的颜色，奶奶家是我们的童年天堂。每个寒暑假，每个周末，奶奶教我们缝被子、糊纸钱包，奶奶教我们下跳棋、打麻将，奶奶教我们剁鸡食、包包子……我们仨对田园生活的全部理解，都来自我们的"塔莎奶奶"。

每次我们仨去奶奶家，会做一个游戏，离奶奶家还有五十米，我就开始大喊着："奶奶——"表妹接着喊："姥姥——"一声高过一声——

"奶——奶——""姥——姥——"

"奶——""姥——"

直到喊破嗓子变了调,变成了"奶——""酪——"

我们三个人哈哈大笑直不起腰,奶奶已经站在门口笑眯眯地等着我们了——

如今,这一声喊出来,再也笑不出灿烂,扯断了泪珠子,止不住地流!

五、我奶奶——她走了

我奶奶的墓碑上刻着:

施淑珍

生于阴历甲戌年(1934)十一月廿一日,卒于丁丑年(1997)冬至。

祖籍山东省莱州市莱西镇莱西村。

大儿:叶东明;儿媳:康昭凤;孙女:叶广隶、叶广璐。

次女:叶惠敏;女婿:马树茂;外孙女:马晔。

小女:陈红玲;女婿:马长福;外孙:马子昂。

敬上

墓碑上没有刻着的,都刻进了我们的生活。

我爸爸的生活情趣,我大姑的执着坚强,我小姑的聪明伶俐,我妹的爱存钱善手工,我的做女人当自强,都是从我奶奶那复制而来。

现在,我奶奶留在这世上的,除了子孙满堂,还有勤劳自强。

我的婆婆

刘晓岚

婆婆今年正月初十去世了,享年九十七岁。婆婆从未出去工作过,是一名家庭主妇,一辈子在家相夫教子,和中国的绝大多数女性一样,平淡无奇,默默无闻;她的去世,如尘埃一样,在社会上不会激起任何涟漪。人们往往习惯抬头仰望那些伟人和俊杰,小人物的命运却没有谁去关注,可就是这无数小人物构成了多彩的世界。婆婆是如此的平凡和渺小,历史的风雨可以改变她命运的方向,却不能吞噬她,击垮她。婆婆近百年的人生轨迹,契合了中国社会的动荡和变革,小人物在社会大变革中,大多是无能为力的,只能被动地顺从。在随波逐流的方式下生活,要想保持自己的个性和独立的人格又是那样的艰难,而婆婆就是这样一位有着自己个性和独立人格的家庭主妇。

婆婆1922年元月出生于安徽凤阳县农村一个大户人家。姊妹九人,婆婆排行第五,上有哥姐,下有弟妹,可谓六亲俱全之人。按旧时的说法,此为大福大贵之相,可婆婆的一生与此相去甚远。

婆婆的父母思想开明,接受新知识。婆婆六岁时即入家塾开蒙启智,与兄长和邻里的孩子一起读书习字。因天资聪慧,

图 1

博闻强记,无论是读书还是习字都领悟极快,深得教书先生的喜爱。先生常在婆婆的父母面前夸奖赞誉,引起年长两岁的兄长不服,他常常和婆婆比试背书和习字,可每次都不及婆婆出色。这在老家成了趣事和笑谈,多年后人们还津津乐道。

婆婆年岁稍长,即入学堂求新知。婆婆本该在求学的道上一直走下去,不承想1938年初的大年里,为躲避日本人的入侵,举家踏上了漫漫的逃难之旅。民间称之为"跑日本反",也就是现在所说的沦为了战争难民,就此流离失所。婆婆从此辍学,但在长达五年的逃难过程中,只要时间允许,婆婆每到一地必去拜谒庙宇古刹、游览古迹,以印证书中所学之真伪。说来有趣,婆婆愣是把这"跑反""逃难"修行成了"文化苦旅"。婆婆记忆力超强,和我聊天时,常向我讲起"跑反"时的所见所闻,这对于我来说是前所未闻的历史和故事。那时我就觉得这是民国史的一部分,要记载下来,可当我拥有智能手机可以录音采访时,婆婆却因为第二次脑梗,已经永远地失忆,再也不能向我娓娓道来那些过去的事情了,这也成了我无尽的遗憾。

图2

在"跑反"的路上,一家人目睹日本鬼子的暴行,无不义愤填膺。为报效国家,兄长和亲人先后参加了国民革命军,走上了抗日的战场。世事难料,谁曾想到1949年后,一家人竟然分属两个不同的阵营,即使是不谙政治的家庭主妇,也难逃政治运动的波及,这给婆婆带来了无尽的悲伤,以致在"文革"时,婆婆要把所有与旧中国有牵连的物件付之一炬,以做彻底的割裂。直到现在,想找一张婆婆民国时的照片都已无从寻觅,婆婆民国时的容貌成了我永远的想象。

婆婆1942年返回家乡,同年即与我公公履行事先的婚约

图3

而完婚。婚后公公重返校园，继续学业。婆婆也曾想重返学校，然种种原因终不得愿。从此生活定格在家庭主妇一职，其一生都在相夫教子。

1952年公公赴京就职，婆婆遂率全家迁居京城，直至"文革"爆发。在京，婆婆亦没有外出工作，所以历次政治运动只是偶有波及，加之没有了颠簸和流离之苦，这是婆婆生活较为安定的一段时间。

图4

在京城时，每到周日婆婆尽早把家务安排好，以便带上孩子去公园游玩，这正发挥了婆婆博闻强记和国学功底深厚的优长，在不知导游为何物的年代，婆婆向孩子讲解古迹背后的历史和故事，绘声绘色，其乐融融。偶尔还要从牙缝里挤点钱出来，拍照留念。图1是1959年2月婆婆在哈尔滨工业大学上学的外甥女放寒假路过京城时，婆婆带着两个女儿与其游玩时的合影，这是现存婆婆最早的照片了。图2是难得带齐全部子女一起游览人工湖时的合影，摄于1959年夏。当婆婆的姐姐在1960年病逝后，婆婆又不辞劳苦把姐姐留下的三个幼小的孩子接到了身边抚育了几年，图3是带着八个孩子的合影。在婆婆的严格

图5

教育下,至今八个孩子都学有所成,本本分分、安安稳稳地生活着。

天有不测风云,至"文革"时,婆婆因兄长1949年赴台,受到牵连,被遣回原籍劳动改造。公公也因同样的原因被下放至皖北的煤矿,三个大点的子女则被下放边疆插队。自此一家人天各一方,聚少离多。

婆婆在回老家劳动期间,由于有"跑日本反"在生死边缘挣扎的锻炼和磨难,对当时的艰难自能泰然处之,克服了常人难以想象的困难,以坚强的毅力支撑着自己走过了那苦难的岁月。逆境中婆婆从不自暴自弃,反倒活出了自己的精彩。婆婆把房前屋后拾掇得整整齐齐,种上了瓜果蔬菜,又养了鸡,还自制了鱼竿,农闲时河边垂钓不仅成了爱好,也成了改善生活的手段。每想到此时,我眼前就会浮现出"孤舟蓑笠翁,独钓寒江雪"的画面。每到过年和家人团聚时,婆婆总要带上自种的花生、腌制的鱼干和晒干的红枣,给家里最小的两个孩子改善伙食。在一切都凭票供应,物资匮乏的年代,这可算是佳肴了。

图 6

婆婆年轻时读过的书，她自己可能都以为成了过眼云烟，不复回忆，其实它们仍是潜在的，在气质里，在谈吐上，在胸襟里，更显露在生活态度中。图4是婆婆回家团聚时，和最小的两个孩子的合影。

直到粉碎"四人帮"，国家拨乱反正，婆婆的问题才得以平反，一家人终于永远地在一起了，可谓苦尽甘来。晚年的婆婆生活安定而富足，这时她的照片又多了起来。图5是1979年摄于公公办公楼前的，图6是1981年送孙子回北京时拍摄的多次曝光照片。婆婆此时除了为子女操持家务看护小孩外，读书、看报和锻炼身体是样样不落下。我在和先生恋爱时，就发现婆婆生活极有规律，每天早上天刚刚亮时，就外出锻炼身体。20世纪80年代初，锻炼器材还十分稀少，我看婆婆那么喜欢锻炼，就利用出差的机会给婆婆买了一把青铜剑。本想让婆婆活动活动筋骨随便玩玩的，没承想婆婆悟性极高，竟然学会了数套太极剑套路和紫云剑法，玩出了专业水准，在当地成了有名的"武林高手"，先后跟婆婆学剑的人不下四五十位，可谓发挥余热老有所为（图7是1986年婆婆锻炼后，手握青铜剑时与我的合影）。婆婆是个严格自律的人，早上锻炼，下午读书，晚上看电视，生活作息极有规律，自我和先生恋爱到婆婆腿摔断的三十余年间，几乎天天如此。

婆婆自幼有很好的国学功底，读书学习是婆婆的不渝追求，先生单位的借书证成了婆婆的专用。婆婆十年前住院时，和一位大学历史系教授同病房，竟然和教授探讨历史细节的真伪，婆婆能把所看的书融会贯通，发现历史的细节在不同作者的书中的论述差异，这让大学教授目瞪口呆，没想到一个八九十岁的家庭主妇居然质疑起了学者专家。以至于让大学教授多次发

图7

出感慨,说婆婆要是做研究,一定能成为一流的学者。可世事弄人,婆婆从没离开过家庭走入过社会,这也自然地避开了许多政治运动的惊涛骇浪——婆婆思想独立,个性强烈,加之复杂的家庭背景,在家何尝不是最好的归宿呢!

婆婆热爱生活,思想开明,接受新生事物能力强。每当我穿件新衣裳时,无论是样式还是做工,婆婆总要仔细地查看和评论一番,和我述说她年轻时的穿着和那时的潮流,仿佛回到了从前。特别是当电视剧中出现了穿越,民国人穿着现代服装时,婆婆总能一眼就看出,在和婆婆的交流中我也更理解了衣着的品位和时尚流行的差别。婆婆热爱旅游,居然在近八十岁的年纪学会了使用单反,带着公公一起游览了许多名胜古迹。在那导航还没诞生的年代,婆婆硬是翻地图、查列车时刻表,自己做功课规划线路,居然玩得风生水起。图 8 是婆婆外出游玩在威海的留影。

行文至此,蓦然间发现婆婆的晚年生活,其实是给我们现在的退休生活建立了最好的模板,为我们晚辈活出了榜样,此刻我多么想像婆婆一样优雅地老去。从另外的意义来说,逆境中的婆婆并没有虚度年华。在我们一代人身上明显地看到她精神品格的烙印:坚韧、顽强、耐苦、自强不息,对于挫折的不以为意,对于非常环境超常的耐受力。——每当我想起婆婆的思想和意志,心智和信念,与她大半生所生活其中的环境反差如此之大而内心从未改变,便令我惊讶不已。多少生命如荒野

图 8

图 9

流星,至少婆婆,我们曾见证她绽放的美丽。

十年前婆婆第一次脑梗时,摔断了腿,自此活动就少了,五年前第二次脑梗,则记忆几乎全失。图 9 是婆婆第二次脑梗后的留影。去年第三次脑梗后则彻底瘫痪。婆婆在晚年时就对自己的后事有所安排———一切从简。婆婆的最后时刻,我们拒绝过度抢救,没把婆婆送到重症监护室去。婆婆是在我们子女的注视下安然离世的,就像她平时安详地睡去一样,有尊严地去了天国,去那里找寻我的公公去了。

老妈从军记

仰红野

老妈叫陈玉琴,今年八十五,耳不聋,眼不花。忆起往事,最骄傲的是,她曾经"扛过枪,跨过江"。

当年老妈参军,颇费了一番周折。外婆家在江南水乡的无锡梅村,外公去世早,外婆靠种田和养蚕维持生活,拉扯四个女孩艰难度日。老妈排行老大,是家里的主要依靠,田里的活,家里的活,样样都干,养成了吃苦耐劳的习惯。外婆省吃俭用供她念书,舍不得她离开家。1949年4月无锡解放,青年们踊跃参军。老妈十六岁,也报名参军,无奈外婆不让去,只好继续上学,考上江阴农校。1950年12月,老妈又一次报名参军。这次,是全班同学一起报的名,在当地引起轰动,名单还登在《苏南日报》上。舅公在报纸上看到了老妈的名字,赶快告诉了外婆。外婆急忙跑到学校,领老妈回家。老妈这一次态度很坚决,她让校长给她买好了车票。第二天,老妈天蒙蒙亮就跑出家门,先到乡公所,让他们做外婆的工作,然后回到学校。当外婆闻讯追到学校时,老妈已经随部队参军走了。她知道外婆一个人持家不容易,部队南下到福建泉州时,她把换下的棉衣棉裤和积攒下来的十块钱,全部寄给了外婆。回想参军的历程,老妈

图1 1952年8月，老爸和老妈在泉州合影。

说，她是一个孝顺女，又是家中老大，是外婆的依靠，她一走，家中就像失去了顶梁柱。如果当时心一软，肯定走不成了。

到了部队，老妈表现突出，第一年就立了一次四等功，受到一次一等进步奖励，还被评为"模范青年团员"。在部队里，老妈认识了老爸。两人在共同的工作中，逐渐了解，互相倾慕，1952年确立了恋爱关系。对于结婚，老妈有自己的条件：一要当兵满三年，二要入党，三要提为干部，才考虑婚姻。那年月，要成为党员、干部，是要冲锋在先，牺牲在前的。老妈没提彩礼定金，没有物质要求。这就是那个年代，一个解放军女兵的婚姻观。老爸是有着十多年党龄的老兵，非常理解老妈积极上进的愿望。这三条，成了两人心中默契相守的"约法三章"。

1952年9月，爸妈所在的二十三军七十三师紧急北上，踏上了抗美援朝的征程。到了安东（今丹东），召开誓师动员大会，

图2　1952年，志愿军战士与朝鲜房东小姑娘合影。左二为老妈。

图3　二十三军六十九师战友于朝鲜安阳里驻地。左一为老妈。

图4 在朝鲜老妈顶着严寒砍木柴,扛木头。

老妈这才知道,部队要入朝参战,即将跨过鸭绿江,开始艰难的千里行军。

进入朝鲜新义州,再也见不到平静祥和,像进入了地狱一般,一路上遍布硝烟和尸体。农田空无一人,残破的农舍只剩下老人小孩,不见青壮年。美军飞机倚仗空中优势,大肆轰炸志愿军后方交通线,实行"绞杀战术",对公路、车辆、部队不停地俯冲轰炸扫射。行军时,耳边天天响着刺耳的敌机俯冲的呼啸声和炸弹爆炸声。敌人扔下燃烧弹、子母弹,还有定时炸弹，道路布满大大小小的弹坑。听到防空枪响，要赶快卧倒隐蔽，还要当心地上没爆炸的子母弹。在轰炸中，许多战友牺牲了。白天无法行军，改为黄昏后出发，一直走到天蒙蒙亮，才宿营休息吃饭。老妈背着几十斤重的背包、干粮袋、铁锹、镐头、水壶，每天要走六七十里路，有时走八十多里，紧跟队伍，一步不落。同在行军队伍中，爸妈见不到面，只是在心里互相惦念。就这样顶着敌机轰炸，行军上千里，半个多月后到达朝鲜东海岸安阳里。

这期间，五次战役已经结束。部队除了作战，还担负东海岸的防御任务，防备美军偷袭登陆。老妈所在的师部驻地，是

图5　老妈（后排左一）与文工团战友在一起。

图7 劫后余生的战友程黎(右)、刘波(中)与老妈合影。

一条松林密布的山沟,两面高耸的山峰形成天然屏障。部队马上开始施工,挖防空洞,挖坑道,砍伐木头,托土坯,盖房子。土坯房里,一铺大炕,老妈和五六个女兵就住在这里。老妈要强,事事走在前面,不甘落后。砍伐木头,与男兵一起踏雪进山,一次能扛两根树干出山。严冬来临,储备取暖木柴,上级要求每人砍伐五百斤,老妈一天就完成了。与首批入朝的部队相比,后勤供应有了很大改善,虽然吃不上新鲜蔬菜,但有黄花菜一类的干菜,有时还能吃到肉罐头、鸡蛋罐头、鱼罐头。背粮食要走几里山路,老妈和男同志一样,每次都一横一竖背上两袋。老爸偶尔见上老妈一面,总担心她身体吃不消,除了鼓励她,也让她量力而行。

妈妈是文化教员,在作战施工之余,教战士学文化,唱歌

图8 1953年12月，朝鲜前线，老妈胸戴三等功军功章、抗美援朝纪念章、和平纪念章留影。

跳舞，活跃文化生活，鼓舞士气。不会的歌曲舞蹈，就上文工队学，现学现教，很受战士们欢迎。即使是战争环境下，部队仍然很重视开展体育活动。老妈在上学时就会打篮球，到朝鲜后，作为军代表队，参加了九兵团篮球赛，又代表兵团参加了志愿军的篮球比赛。

战场敌情复杂，常有特务出没。尽管小心翼翼做了防空伪装，师部的驻地还是暴露了。4月的一天，毫无征兆，师部突然遭遇美军飞机偷袭。四五架敌机冲进山沟低空轮番扫射，几乎擦着树梢狂轰滥炸。山沟里顿时烈焰四起。老妈和一个战友跑进防空洞，互相交代后事，相约活着的人把话带到对方家里。眼见驻地一片火海，来不及进防空洞的战友出现重大伤亡。正在山坡上排练节目的文工队员，被炸弹命中，大部分伤亡；工兵连里很多和老妈朝夕相处的战友牺牲了；朝鲜联络官也负了重伤；秘书科被燃烧弹引燃，文件被烧毁，一个小战士在大火中丧生。老妈不顾敌机仍在轰炸扫射，勇敢地冲出防空洞，参加抢救，搬运伤员，包扎伤员，抢救文件。老爸因为到军部开会，躲过一劫。听说驻地被炸，着实为老妈捏了一把汗。匆匆赶回来，见到老妈，悬着的心才放下来。当晚，师部就转移到临津江铁原郡横浦洞驻地。

老妈在空袭中不怕牺牲，抢救伤员，在工作中吃苦耐劳，经受了考验，立了三等功，在战地入了党，成为排级干部。立

图9 老爸老妈在朝鲜。摄于1953年。

图10 我妈和襁褓中的我。

功喜报寄到了家乡,乡里敲锣打鼓把喜报送到外婆家,外婆高兴得不得了。和立功喜报一起邮回去的,还有老妈胸前佩戴着三等功军功章、抗美援朝纪念章、和平纪念章的照片。

1953年8月,半岛终于迎来了停战的宁静。1954年,爸妈的结婚报告批了下来。他们的婚礼超简单,悄无声息,没有任何仪式,买了一条床单、二斤糖,请同志们吃块喜糖完事。老爸的办公室隔出半间,挂张门帘,两人的背包搬到一起,就算新房了。

几个月后,老妈怀了我,独自回到驻山东邹县(今邹城)的二十三军后方留守处待产。当时部队医院驻在曲阜的孔庙。我出生前,老妈自己雇了一辆独轮车,从邹县赶到曲阜孔庙的部队医院。1955年2月,我在孔庙里出生了。

1955年部队精简，大部分女兵复转到地方工作。老妈惦记着家乡的外婆和妹妹，选择了复员回乡。她一手抱着我，一手提着一只箱子，回到了无锡梅村。从她回国待产，到去医院生孩子，坐月子，再到离开部队回乡，都是一个人。老爸的岗位在朝鲜，不能请假陪她。

老妈从参军到复员，也就是四年的时间。这四年与几十年相比，是多么短暂，可是每当提起那段时光，她总是那么兴奋，那么骄傲。从军的经历，赋予老妈一辈子不变的军人气质和秉性。无论工作还是生活，她坚韧不拔，迎难而上，好像从来没有过不去的坎。

老爸的工作调动频繁，由野战军到黑龙江省军区，在各个军分区多次调动。老妈搬家不及，索性不再搬，带着外婆和我们，与老爸多年分居两地，边工作边照料一大家子人。直到老爸离休，才算过上团聚的日子，但从未听过他们抱怨。在老妈眼中，这种聚少离多，也是过日子，要比战争年代强多了。她与老爸，既是伴侣，又是战友。他们的军旅生涯，战地爱情，如同战地黄花，伴随着老爸老妈走过了几十年，馥香到老。结婚三十年的时候，老爸写给老妈一首诗，浓浓的亲情，几十年的相互思念，跃然纸上：

泉州相识两情牵，三十春秋岁月寒。
处世洁身缘本分，循规蹈矩本承传。
赴朝参战同生死，浩劫潮头共苦甜。
今日桑榆晚景好，老来犹赏并头莲。

冲天雄鹰

——缅怀抗日烈士杨一楚

杨 光

是我们的祖国，孕育了他伟大的人格；
是我们的祖国，铸就了他圣洁的灵魂；
是我们的祖国，赠给了他的勇敢；
是我们的祖国，赐予了他的光荣！

——杨宜春1940年追忆哥哥杨一楚

杨一楚，1914年3月8日出生在湖南省岳阳县柏祥镇杨文贵的一个书香家庭，1934年从岳云中学高13班考入中央航校第六期。他是志航大队（以高志航大队长名字命名的第四大队）的一员猛将，曾击落日本敌机两架，1940年3月26日殉国于成都。他是岳阳历史上第一位抗战航空烈士。

近年来，我们虽然从多方面断断续续地收集到了他的一些信息，但从未见过他留下的只言片语，因此，我们也就无法踏寻他思想的踪迹和还原他二十六年的人生辙迹。今年七七事变八十二周年纪念日前夕，美国八个"常春藤"院校之一的达特茅斯学院生物医学数据科学系高级统计分析员李忠泽先生发现了一批有关杨一楚烈士的珍贵史料，他历经曲折联系到我，并热情地向我提供了刊登在1936年出版的《空军》及《青年空军》1940年第2卷第1期的相关史料。我迫不及待地读完了杨一楚的十一篇日记遗作和两篇译文（可见杨一楚具有较高的英文水平）及六篇亲人、好友、战友们（妹妹杨宜春，好友万凤生女士，战友王名泰、郭耀南、湘琛、三三）的追忆文章。这些尘封了八十年左右的史料澄清了某些一直误传的有关他的故事。见字如见人，一位聪明、勇猛、伟岸、强健、阳光、真诚的空中勇士、模范军人又出现在我们的眼前。

孩儿立志出乡关，日寇不扫誓不还

从杨宜春1940年写的《忆六哥———一楚》文中可以得知，杨一楚的性情是有点特别的。当他很小的时候，在家庭中即背着"小王爷"的诨名，即便年高的祖母对他也是失掉了约束力的。在游戏中，他常使得玩伴们哭笑不得，也使得旁观者们啼笑皆非。但他有一种魔力，使得一些玩侣，虽很怕他，又莫名其妙地感觉到不能离开他，一面恨他，又一面爱他，故无形中他又被他们称为"大王爷"。

读小学时，不知为什么学校令其退学，回家后妈妈严厉地责备他，不让他进屋，但他并不哭，也不向妈妈哀求，自己写了封悔过书诚恳地交给校长。果然，两天后他又回到学校读书了，这让教职员工们刮目相看，从此更加倍地关爱他。身为湖南大法官的爸爸杨仲谦，看到他那么小就能想办法挽回败局，便下定了送他长久读书的决心。

他爱好诗词，酷爱各种体育运动，但他更喜欢在哲学与文学的海洋里泅游。1933年他考入了以数理和体育闻名的长沙岳

1939年春，杨一楚（右）和龚业悌同学（战友）摄于成都太平寺机场（龚业悌，1914年出生于湖南省湘潭县一个书香家庭，1996年12月29日在沈阳逝世。他曾担任国民党空军第四大队二十四中队副队长，单独击落日寇敌机三架，身负重伤三次。曾参加两航起义，生前将部分《抗战航空日记》捐献给中国人民革命军事博物馆）。

云中学高13班，当时岳云中学仅招此一个高中班，校舍在长沙市原北门外沙湖桥蒋家垅。全班共有学生六十三人，全为男生（1934年这个班杨一楚、苏本诚和郭耀南三名同学考入中央航校，成为抗战飞行员）。岳云中学棒球队曾代表湖南省参加全国的比赛，取得了优异的成绩。田开镱在《建国前长沙的棒球运动》中称杨一楚是"棒球捕手名将"。

1934年秋天，"航空救国"的高潮席卷全国，抗日的烈火点燃了每位中华儿女的热血。也就是在这国家危难之际，他突然跑回了故乡——他要报考中央航校，但报考必须征求家长的同意。而这，惊破了他父亲对他的期望之梦。毕业于北洋法政学堂（后并入南开大学）的父亲在心底里为儿子设计的前程是：在大学里念文科，从政，子孙满堂——走儒家"修身、齐家、治国、平天下"的千年之轨。因此，虽然父亲一向很开明，但他投笔从戎的举动还是让父亲感到了幻灭。他这样劝慰父亲："爸爸，您不要想到我仅仅是您私有的儿子，您要想到我也是国家的国民。"就这么轻轻的一句话，却掷地有声，荡气回肠，一个身处国难的书香家庭，谁都清楚这个决策的重量与担当！

九一八事变后，热血青年们如痴如狂地把身心投向了军旅，1934年全国有三万多人报考中央航校，初录取四百余名，后经过严苛的淘汰训练，最终只留下一百一十人当飞行员。杨一楚与湖南籍好友王名泰、郭耀南、苏本诚如愿以偿地成了中国空军的一批"雄鹰"！年轻的中国空军中很多飞行员只能驾驶着破旧的二手飞机，与强劲、精良的日寇飞机较量，但他们人人心怀以身报国的信念，个个拥有誓死捍卫民族尊严的意志。他们那种"但使龙城飞将在，不教胡马度阴山"的昂扬斗志，充盈在祖国的处处天空；他们那种"我自横刀向天笑，去留肝胆两昆仑"的英雄气概，捍卫着祖国的寸寸疆域；他们那种"只解沙场为国死，何须马革裹尸还"的铮铮誓言，铸就了祖国的空中长城！

冲天一怒图雪耻，亮剑原不为封侯

杨一楚在他的日记中写道："1939年5月3日下午（指午后——编者注）十二点四十分左右，志航大队接到将有大批敌机进犯重庆的情报。"当时，他正在林悦雄家聊天，听到警报，他们一跃而起，跑回宿舍拿了风镜与手套就跑上了飞机。一点零五分点火起飞，他跟在郑少愚队长的三号机后面，侧边是战友龚业悌的二号机。他们在重庆上空爬升约三十分钟后，升至五千五百米高空处发现了敌机。当时我方飞机中仅有队长机配有无线电，各机之间无法互相联络，所以，队长只能通过摇动翅膀来指挥他们作战。

他一看，敌机黑压压的一片，以四十五架阵容的大编队超低空飞行，正在轰炸我们的机场航道。此时，他和战友们迎头俯冲下去，因为速度太快瞄准很困难，差不多只有十几秒的工夫，就有三架敌机从他的瞄准镜里逃跑了，他赶快开火，可是，发光弹却打在敌机的后面，他马上向右上方旋转脱离现场，虽然第一次进攻时没击落敌机，但他没有放弃。此时，他看见一架敌机正在冒着浓烟，就快要着火坠地了。

中日双方飞机展开了一场混战。发动机原本低沉的运转声音，在油门推满的情况下，变成了高频的吼声；原本就扣人心弦的机枪声，配上飞机在中弹后爆炸的声音，更让人们听了血脉偾张！当时我方的 E-15、E-16 飞机虽然比较灵活，但是在与敌机空中搏斗时，根本占不到任何上风，敌机轻轻松松地就能以高速摆脱我们的追击，然后反过头来将我方的飞机咬死。因此，我方飞机只有不断地通过急转弯来躲避日机的攻击，但

1938年3月9日,杨一楚(右一)和龚业悌(右二)参加武汉保卫战时与龚业悌弟弟(左二)、妹妹(左一)在汉口中山公园合影。

是这种急转弯动作需要有高超的驾驶技术,否则会导致飞机不断降低高度,甚至撞击山头而造成更大的牺牲。

眼前闪烁着敌机枪口一明一灭的火光,耳边呼啸着敌机射出的子弹,杨一楚捕捉机会在敌机的正后方猛烈地攻击,马上又旋转移动到右侧后方,并加足马力追赶敌机,他追过了长寿,追过了涪陵。这时只剩下两架飞机一直紧追敌机不放,后来才知道另外一架是战友龚业悌驾驶的。此时,敌机的左后方又出现了一个中队,杨一楚想专门攻击这个中队,这时已到了成都东北的上空。在激烈紧张的战况中,他已然忘记自己已经连续攻击了三次,直到敌第二小队的一架飞机冒起了滚滚的黑烟,并很快坠落后,他才意识到自己的飞机已温度过高,瞄准镜完全黑了,润滑油的温度超过125,压力减至2以下,分布器压力到了红线里面,声音非常难听,排气管冒着黑烟,油门开到最大也没有用……

他见无法再追下去,只得关了油门,调转方向沿江飞回来。飘了六七分钟,看见了涪陵县城,同时看见县城东有一片很大的沙滩。这时他估算还要几十分钟才能到达广阳坝机场,同时仪器无法恢复正常,这样再飞下去,发动机肯定要烧毁,后果将是机毁人亡。思考之中已过了涪陵,但他还是利用飞行高度折回于沙滩上空,想迫降下来休息一下。如果人机都没有受伤的话再起飞至重庆,但一定要等温度降低方可以再飞起来。他一面盘旋下来,一面选择地方,朝着坡度小而平整广阔的河道一边落下来,很幸运,只是沙滩上的鹅卵石将尾撑碰断了。他将飞机检查了一遍,发现机头上润滑油喷掉了很多,机身上中了几颗子弹,但未击中要害部位。

他找到当地的老百姓,问此地有无电话,老百姓告诉他河对岸是军用机场,其防空监视哨里就有电话。他坐划子过河,打电话到涪陵县政府,请求代他发电报至广阳坝机场和打电话报告情报队,并请其再报告至防空司令部。

第二天早晨,他没有等来司令部的汽划子,待到午后只好

1938年4月18日，参加武汉保卫战作战间隙杨一楚（后排左三）与战友们在长江岸边合影。

乘滑竿进了县城。他的英勇事迹在涪陵县一时广为流传，该县各界人士的热烈欢迎却让他深感惭愧。次日早晨各界爱国人士正在欢送他归队时，空中又一次响起了防空警报。这声声警报，划过了长空，刺破了苍穹，如吹角连营，又触发了他捍卫民族尊严的"发动机"！他顾不上休息，归队后又冲上蓝天，与战友一起投入与日军的战斗中！

大耻未雪身先死，长使后人泪满襟

王名泰在他的《含泪话英雄》文中写道："1940年3月

26日的早上，成都郊外的上空，薄薄地笼罩着一层灰白色的雾，带着寒意的阴风，一阵阵地在宇宙中东侵西袭着。像这样一个可怕的境遇，谁都觉得战栗而畏惧，一个练习作战和试飞的双重任务，也就在这个悲凄的时候，忽然地加在杨一楚的身上。他毫不犹豫地在这个悲凉的时候，把这艰难的任务勇敢地扛上肩头了。起飞、升空，接着就是两个筋斗，就在飞机剧烈上升之际，飞机翅膀骤然破裂了，他随着这破裂了翅膀的飞机，似流星划过天际一般，惨烈地陨落在天府之国的原野上。"十分钟后，战友们赶到现场，看到那躺卧在机场外破碎的飞机和惨不忍睹的一楚，每个人的心都碎了……

这架一楚试飞的飞机，大约是七年前生产的，性能老化，机身破旧，理论上已经不能使用。可是，当时中国财力十分困乏且工业十分落后，中国空军就不能不采取这种冒险的方法来训练。一楚为了祖国的前途、民族的尊严、军人的操守，光荣地牺牲了。国家蒙难，民族存亡之际，先烈们以他们的忠义，用一个个鲜活的生命音符，谱写了中国空军在极其困难中拼力奋斗的抗战史诗！

杨一楚的堂兄杨克伍，亦于1943年5月1日在空战中殉国于贵阳。成百上千名的中华空中勇士们，他们把每一次冲天而起，都当作了诀别，他们每一次与日寇飞机搏斗，就从来没有想过要活着归来。"他们在国家危亡关头，用拼一己之死而求得国家的复兴！"（万凤生女士《悼一楚复苏先生的一封信》）

杨一楚，你的热血没有白流，你的英名已被永远地镌刻在"南京抗日航空烈士纪念碑"上，你的事迹也被陈列在抗战纪念馆，永励后人不忘国耻，自强不息！

蒙古亲王那彦图和那王府

张继琳

武昌起义爆发后,中华民国临时大总统孙中山为国家统一、民族和睦,曾于1912年1月28日亲自致电那彦图等蒙古王公:"……请速举代表来宁,参议政要,不胜厚望。"(见《中华民国史档案资料汇编》第2辑,江苏人民出版社1981年版,第15—16页)

那彦图,何许人也?那彦图亲王的姻亲,著名清史、蒙古史专家金启孮教授曾撰文称那彦图亲王乃清朝重臣、民国政要;赞那彦图亲王秉性忠贞,大节侃侃。

那彦图,祖籍外蒙古赛因诺颜部,世袭蒙古亲王。在蒙古王公中,那彦图亲王当时在清廷中地位是最高的,曾任清御前大臣、崇文门监督(海关)等显职;清末新政时,任资政院钦选议员。

有文章说,那彦图是蒙古王公中走在时代潮流前面的代表性人物。

他提倡教育,倡办了北京殖边学堂,在老家赛因诺颜部创办了蒙古的第一所小学(1996年该小学成立一百周年时,笔者夫妇曾受邀参加庆祝活动。笔者的先夫恭博林钦是那彦图亲王的嫡长子祺克慎的幼子）。那彦图亲王还参与创办蒙古实业公司。

在武昌起义爆发后，那彦图亲王先是反对清帝逊位，他在御前会议上，慨然起而反对清帝逊位，和他的岳丈奕劻争论。不过，清朝灭亡后，那彦图亲王顺应历史潮流，从反对清帝逊位、反对共和转变到拥护共和。眼见外蒙古问题恶化，受到正义和现实的感召，那彦图等首倡成立了蒙古王公联合会。1912年，他筹办了"西北协进会"。

在北洋政府时期，那彦图亲王任过大总统府副都翊卫使、乌里雅苏台将军等职，且是历次国会议员及1917年临时参议院副议长，还被推为拥护袁世凯的进步党的理事。

南京国民政府时期，那彦图亲王曾被聘为行政院高级顾问。

日本侵华时期，就德王（内蒙古王公，全称德穆楚克栋鲁普亲王，曾建立日本傀儡政权"蒙疆联合自治政府"）的投日行为，那彦图亲王对家人说，"德王这人糊涂，小日本不会为蒙古人做事的。我就是不信小日本，我就是要和汉族人称兄道弟"。他对自己的一个孙子与华北汉奸头目王克敏的侄女结婚，一直耿耿于怀。受那彦图亲王的影响，其嫡长子祺克慎对日本人邀他在日伪政权任职，坚辞不就。

那彦图亲王于日本侵华时期在北平王佐胡同那王府去世。那王去世后，由其嫡长子祺克慎用变卖其留下的瓷器、绸缎、家具什物的钱为父亲办理了丧事，安葬在安定门外的家族墓地。

前已提及，笔者的先夫恭博林钦是那彦图亲王嫡长子祺克慎的儿子。那彦图亲王去世时，恭博林钦还很小，他懵懵懂懂地记得：跪着祭拜祖父时，没专门给他安排跪垫，他想着这是他慈爱的祖父，他硬是挤在他母亲的跪垫上祭拜了祖父。

毕桂芳的儿女及孙辈

他当然记得祖父在世时,有一次他母亲带着他去祖父居住的四合院拜望祖父时的一幕。当时,祖父正在吃一品锅。恭博看见一品锅里有鸽蛋,但不知其名叫鸽蛋,他很想吃,又叫不出名字,就直嚷"我要吃丸药、我要吃丸药(因鸽蛋就像他吃过的丸药)"。他母亲急得制止他,"不要嚷、不要嚷!"他祖父——那彦图亲王见状,连声说,"给他吃、给他吃",一旁的侍者就夹了几个鸽蛋给他。然后祖父摸了摸他的小脑袋,对他母亲说"这孩子好带"(他母亲在他出生之前,生育过两个孩子，都夭折了）。所以，他一直记得他有一个慈爱的祖父。

恭博的祖父摸恭博的小脑袋时，那彦图亲王一家确实居住在前面所提的王佐胡同那王府。其实，真正的那王府不是在王佐胡同，而是在宝钞胡同。

据北京古籍出版社1982年出版的《京师坊巷志稿》（第167—168页），超勇亲王府在宝钞胡同。超勇亲王府是成吉思汗二十一世孙策棱亲王的王府（雍正十年即1732年，策棱亲王因保卫边疆战功赫赫，被赐号超勇）。那彦图亲王是策棱亲王的七世孙，到了那王这一代，王府就被称为那王府了。

那彦图亲王的大儿子祺诚武（侧福晋所生）财欲难填，到处借债，这个纨绔子弟又偏讨那王的喜爱，最后那王只得以府抵债，带着全家搬出宝钞胡同的那王府。后来在王佐胡同一号（就是假那王府所在地）租住。

宝钞胡同的那王府共占地三十八亩。从前，府四周建有群墙，院内殿堂亭阁高耸，全府共有房屋三百二十余间；房与房、院与院都由抄手游廊连接在一起，气势宏伟。府内有树林、花园、假山等，还有家庙等。

那彦图居住的院落内中有主房五间，室内的家具，都是金丝楠木，按照室内的形式分别制造的。他的会客厅摆着红木镶螺钿的家具，陈列着古铜彝器、文玩书画等物。其长子祺诚武会客的地方，全是用进口的沙发、钢琴和西式家具布置的，洋气十足。

按照中华民国《蒙古待遇条例》，那彦图亲王的几个儿子被晋封王公头衔，祺克慎因是嫡长子，于1918年晋封贝勒郡王衔，品级最高。

1921年，祺克慎与晚清大学士崇礼的女儿结婚，女方的陪

毕秋澄与祺克慎前妻儿女、崇礼的外孙恭格林钦、祺彤敏

嫁很丰厚。崇礼之女婚后生下一子恭格林钦、一女祺彤敏，不久便去世。祺克慎续娶毕桂芳的女公子毕秋澄，女方的陪嫁也很丰厚，但比不上崇礼之女的陪嫁。（那亲王带着全家在王佐胡同一号租住时，不同于那亲王的其他几个儿子，祺克慎一家住的院落是祺克慎自己付的租金。）

毕桂芳是安徽人（说其是河北大兴人有误），毕桂芳先后任过驻边大臣、黑龙江省督军、驻外领事、议员等，且与李鸿章家族联姻。1914年,毕桂芳被任命为中俄蒙议约事件全权专使,参加恰克图会议,签署《中俄蒙协约》,奠定了他在中国外交史上的地位。一些报章等说毕桂芳怕老婆,他的外孙恭博林钦对我说,外婆去世时,他还小,但记忆中外婆是很慈爱的。

毕秋澄婚后育有一子一女,不料均夭折。毕秋澄三十八岁生恭博林钦。恭博林钦20世纪60年代在北京医学院毕业,分配到重庆医学院附属儿科医院。

征 稿

《老照片》是一种陆续出版的丛书,每年出版六辑。专门刊发有意思的老照片和相关的文章,观照百多年来人类的生存与发展。

对稿件的要求:所提供的照片须是20年以前拍摄的(扫描、翻拍件也可),且有一定的清晰度,一幅或若干幅照片介绍某个事件、某个人物、某种风物或某种时尚。文章围绕照片撰写,体裁不拘,传记、散文、随笔、考据、说明均可。

编辑部对投寄来的照片,无论刊用与否,都精心保管并严格实行退稿,文字稿恕不退还,请自留底稿。稿件一经刊用,即致稿酬。

来稿请寄:山东省济南市英雄山路189号B座 山东画报出版社《老照片》编辑部

  邮　编:250002

  E-mail:laozhaopian1996@163.com

  网　址:www.lzp1996.com

  电　话:(0531)82098460(编辑部)(0531)82098460(邮购部)

     (0531)82098479(市场部)(0531)82098455(市场部)

邮购办法:请汇书款至上述地址,并标明收款人"山东画报出版社有限责任公司"和注明所购书目。

  邮发代号:24-177

《老照片》网站与微信公众号

  官方网址:www.lzp1996.com

  微信公众号:山东画报出版社老照片

朱枫的家国情怀

朱 霞

今年正值新中国成立七十周年,也是朱枫在台湾英勇就义六十九周年之际。

朱枫是我的三婶,此时此刻,我翻阅家庭影集时,目光停留在一张照片上,那是摄于1939年5月中旬,朱枫在浙江云和与家人的合影。这张照片引发了我的无限思念,我不禁回忆起朱枫高尚的家国情怀。

温馨团聚　送女从军

浙江云和是朱枫最欢乐和最难忘的地方。淞沪会战烽烟突起,我家从上海逃难至武汉,再到湖南常德转至浙江云和安家。此时,为革命奔波多年的三婶中年得子,因哺育婴儿而在家获得短暂休息,并同离多聚少的儿女团聚,真是喜从心生!照片中朱枫灿烂的笑容反映了她此时欢畅的心情。然而这种温馨欢畅的团聚,仅此一次。

朱枫对家人对儿女温柔关爱。她的大女儿沈珍是个聋哑人,为使女儿长大后有一技之长,能够独立生活,朱枫教授她习字作画、刺绣、缝纫等技艺。女儿也很聪慧，继承了母亲优秀的才华和品德，深得家人的喜爱。令人惋惜的是，因时局恶化，在我家从云和逃难转至广西桂林时，大女儿染病身亡。云和竟成了朱枫与大女儿最后的相聚之地。

朱枫深爱子女，心系国家的前途命运，在孩子的教育上倾注了家国情怀。在她哺育儿子不满十个月时，就将儿子交托我姑姑抚养，回到浙江金华从事革命工作。此时，她会同中共派遣的两位同志帮助台湾爱国志士李友邦筹建"台湾义勇队"。建队之初，经济困难，她不仅慷慨解囊，捐款八百元资助，而且毅然决然将二女儿朱晓枫送进台义队少年团，锻炼成长。台湾义勇队的生存环境极其艰苦，我姑姑的两个男孩子在进队后相继染病身亡，而朱晓枫则坚强地经受住了考验，于1946年从台湾回到上海，三个月后又被送往苏北解放区，成长为有所成就的军医。

我是我们家这些孩子中的幸运儿。母亲早年去世，弟弟则在逃难途中夭折，我成为父辈三兄弟中老大的独苗，备受大人们的爱护。在叔叔婶婶们的教育下成长，在新中国成立前参加了工作。

革命伴侣　患难与共

朱枫和爱人朱晓光（我三叔）是革命战友，他们被新知书店派往新四军驻地安徽屯溪云岭，建立随军书店。书店最多时有十多位工作人员，后来只留下朱枫夫妻二人。朱枫是大家闺秀，受过良好教育，才华横溢，意志坚强而能干，里外都是一把好手。她不仅照管门市，还经常外出送书，甚至携书通过敌

朱枫和家人的合影。中间抱着儿子朱明的是朱枫,她右边的女孩是沈珍,前排的女孩是朱晓枫;后排最右边站立的女孩是我,右二是祖母,右三是姑姑;前排的两个小男孩是姑姑的两个儿子。

人封锁线送往江北。有一天,陈毅路过随军书店,驻足询问是谁写的书籍宣传介绍文字,得知是正在店里打算盘的朱枫写的时,称赞说:"这字写得蛮有功底哟!"

1941年1月,发生了震惊中外的皖南事变。在新四军奉命北移前,朱枫按"老弱病残"人员提前撤离,爱人朱晓光则留下来,并在事变中不幸被捕。这让朱枫心急如焚,万分关切爱人的下落和生死。她探听到爱人被囚于上饶集中营,在得到组织的批准和协助后,勇敢机智地三进集中营探监。她带去的药品,不仅挽救了病危的丈夫,而且为他后来成功越狱提供了帮助。

朱晓光与狱友蔡谟成功越狱后，辗转回到浙江云和家中，朱枫受组织委派前来接济救援。她陪同丈夫躲藏在山上疗养伤病，既要开荒种些蔬菜，还要经常下山回家，背些米面油盐到山中。生活虽然艰苦，但患难夫妻相逢，心里也是甜蜜的。

在云和山区避难，养病数月后，敌人闻风追捕，患难夫妻不得不辗转数省到达陪都重庆。三叔向八路军驻重庆办事处汇报皖南事变和上饶集中营实情后，周恩来指示待车送往延安。但等待多日仍无法前行，又闻追捕之声，只好按组织安排又一次长途跋涉转回敌占区上海。在敌人不停追捕的险恶环境中，朱枫坚毅、勇敢、机智，艰难地陪伴爱人转移成功，重新投入到革命事业中。对此次大转移，三叔感慨地说："三十功名尘与土，八千里路云和月，我和朱枫生死与共，形影不离。"

大义凛然　勇闯虎穴

在浙江云和的日子里，朱枫享受到了最温馨的家庭生活，自此之后，再难有家庭团聚，与丈夫更是劳燕分飞。朱晓光从上海转山东，经大连到达哈尔滨。解放战争中又随四野入关南下，参加沈阳、天津、北平接管工作后抵达上海，建立上海新华书店和国际书店。朱枫则一直留在上海从事中共地下的财贸及情报工作，后转赴香港。

解放战争节节胜利，新中国将要成立之时，组织批准朱枫交接工作，准备回内地。久别后将要与家人重逢的喜悦心情，使她在近两个月内写了十余封信告知丈夫，并关切地说："听说你染上了肺病，虽然我不是医生，但我终以为我来之后，对你可能有一些帮助，至少在精神上能给你安慰。"情意绵绵，归心切切。正当她已交代完工作，准备回到内地时，组织上临时又调她潜入台湾，完成一项重要使命。此时的她既憧憬归家的欢聚，又深感任务重大，逃亡台湾孤岛的敌人"困兽犹斗"，会更疯狂，此行必定危险重重。朱枫的思想也产生过激烈斗争，还将这种矛盾心情向领导吐露过，但最终接受了上级交给她的任务。她立即将带在身边的小儿子委托同事带回内地，并写信告知丈夫："将出外经商，有几个月逗留，个人的事情暂勿放在心上，更重要的事应先去做。"

潜入台湾后，朱枫以其机智果敢的行动，与台湾地区中共地下党的主要负责人和潜伏在国民党内的1号情报员吴石将军取得联系，并安全地将具有重大价值的情报送回。任务完成，正待返回大陆时，台湾地下党主要负责人被捕叛变。一个地区的主要负责人叛变是致命的，他不仅出卖了潜伏在敌营中的重要情报人员，而且摧毁了整个地区的地下党组织。然而，一个外表看似柔弱的女子，内心却是坚强的。严刑拷打不低头，甜言蜜语不弯腰。在新中国成立后的1950年6月10日，朱枫与吴石将军共赴刑场，英勇就义。

兄弟情深

存 桂

我和弟弟存泗都是20世纪40年代出生的,我比他大一岁,今年都七十多了。

人说兄弟之间是手足之情,我俩还要更进一步:左右手之情。我是左撇子,算是左手,弟弟是右手。

论长相,我俩不很像。弟弟更像父亲,我更像母亲。弟弟大脑袋,大眼睛,人见人爱;我则有点"呆气"——看照片就知道。

论性格,我俩颇为不同。弟弟性格内向,不善言辞,脾气倔强,在襁褓中大哭时会眼睛通红,爷爷说:"这孩子大了脾气不得了!"其实弟弟从不乱发脾气,只是不能忍受无端指责。此时他只需一句:"我怎么啦?"对方百分百熄火。我爱说话,却被母亲管得服服帖帖,挨训时一声不吭,忍到风头过后,依然故我。

弟弟身强体壮,运动能力出色。他高中时足球、水球、射击,都是校队一员。毕业前空军"招飞",他项项合格,唯左眼视力不达标(躺在床上看书所致),十分可惜。我是先天近视,跑不快、跳不高,踢球只能当后卫,只是凭着稀缺的左脚球,初三选入中学少年队,高中进了校队。游泳则只会一个姿势,游不快也游不远。

弟弟心灵手巧，会修电器、打家具、开摩托车、开汽车。这些我一概不灵，从小被母亲管得太严，总怕做不好挨呲儿，于是宁可不做。

但我念书成绩不错，小学中学总是班级前三名，初中毕业被保送进了天津耀华中学，高中毕业考上了北京大学。弟弟考试成绩没我好，但学得扎实，而且动手能力强，这在以后的工作生活中都充分显现出来了。

弟弟性格独立，从小敢于违反母亲的禁令到远处去玩。骑着父亲的自行车，天津市区和塘沽区，包括后来工作的南郊区小站周边的地方，没有哪个地方他没去过。我可没有如此胆量，我能做的，就是瞒着母亲在晚饭前想方设法把弟弟找回来。

尽管性格、习惯如此不同，但我俩总能"求同存异"，其中主要原因就是两人都十分珍惜这份兄弟之情，都能忽视甚至无视对方的缺点，只欣赏对方的长处，尤其是自己不具备的优点。所以我俩从小到大到老从没吵过嘴，相互间连一句"重话"都没有过，更没有动过对方一根手指头。弟弟脾气再倔，也从来不会对我瞪眼；我嘴皮子再能说，也从来不数落弟弟。弟弟小升初考试发榜时，遍搜榜上不见姓名，我用逆推分析法认定，榜上第二十三名"李孝泗"应系"张存泗"之误，然后勇闯教导处，结果还真是老师写错了。

上初中时，因母亲去吉林照顾父亲生活，我俩曾住校一年。吃学生食堂，每周一顿红烧鱼。弟弟爱吃鱼，可我因惧怕鱼刺而不敢吃，于是每逢吃鱼，两条鱼归弟弟，两份鱼汤则归我拌饭。我酷爱零食，经常去校门外买烤红薯解馋，弟弟从未指责我"挪用公款"。弟弟高考时，因家庭出身和有海外关系而不能被大

图1 后排为表兄朱章源；中排左起为弟弟存泗，哥哥存桂；前排左起为表弟朱章潭和他的表姐。摄于1946年。

学录取。我不服，直接找到弟弟的班主任理论，虽然无果而终，但我觉得自己是哥，为弟弟该出头时就应出头。

弟弟去了天津南郊区小站当了名中学教师。尽管他工资很低，每月还是拿出五元（后来增加到十元）补充我念大学的生活费（当然大头是父母承担），这项资助持续了五年半。五元钱当时相当于我十二天的伙食费，而那时正值国家经济困难时期。

图2 自左至右分别为母亲、存泗、存桂、父亲。摄于1948年。

喜爱音乐，是我们兄弟二人不多的共同爱好中的一项，这主要是得益于会弹吉他、唱男低音的表哥朱章源在少年时经常带着我俩去听音乐会，不断熏陶所致。我俩都是声音条件不错的男中音，且音感和音准都很好。我在北大上学期间当过校合唱队队长，还参加过大型歌舞《东方红》的演出。弟弟却没有这种幸运。1963年经人推荐，他跟着天津音乐学院的一位声乐老师业余学习了一年声乐。谁知1964年入学考试时，尽管声音条件被多位教师和专家看好，却仍然冲不破因家庭出身和海外关系带来的"阶级路线"壁垒。所以，兄弟二人只能终生为业余音乐爱好者了。1965年我大学毕业，同样因为家庭出身和社会关系而被分到唐山某技校任教。此前父亲在吉林极艰苦的条件下工作过七年，当时弟弟在远离市区的郊区中学教书也已五年。有榜样在前，我自是不能泄气，于是安下心来教书。

　　1966年"文革"开始，家庭受到影响。我在唐山不敢回家，是弟弟帮着父母收拾房间，添置过冬衣物。晚上还要看家。弟弟的工作地离家四十公里，全靠骑车往返。可他那辆凤头车（英国进口车）成了造反派的战利品。我得知后，就把刚买了四个月的"永久"自行车给了弟弟——他从天津乘火车来唐山取车，先骑一百二十公里回天津，再骑四十公里去小站。

　　1968年深秋，父亲与母亲、祖母一起被遣返山东农村原籍。工作没了，工资没了，城市户口没了，我们在天津的家也没了！这回我俩真成了难兄难弟。父母当时年过五旬，从没做过农活，幸好老家张氏族亲多方照顾，加上我俩每月定期汇去生活费，

图3　全家合影。摄于1951年。

图4 哥哥十岁，弟弟九岁。摄于1951年。

终使老两口未受冻馁之苦。老家乡邮员对母亲说："这么孝顺的儿子哪里去找？每月寄钱的日子从没差过！"

弟弟工资低，加之家里被抄，不仅过冬衣被没着落，就连夏天想买件衬衣都没钱，只好给我写信求助。我读了信眼圈就红了，立马凑足了钱跑到天津找弟弟，帮他暂时渡过了难关。

1969年弟弟和弟媳的婚事，是弟媳的父亲与我面谈后定下来的，当时父母远在山东老家，我算是男方家长代表。

1971年底我结婚了，弟媳一手抱着刚会走的小侄女一手提着大提包，长途车加火车，赶到唐山送来礼物。1972年我和同事去天津为学校实习工厂购买电焊条，中午到弟弟那里吃饭——后来才得知，是弟媳找别人借钱买猪肉、鸡蛋做的菜。

1976年唐山大地震，弟弟从收音机里得知震中在唐山，不知我一家的死活，于是和弟媳带着自行车搭乘别人到唐山寻亲的卡车赶赴唐山，流着眼泪、费尽九牛二虎之力才找到我们。

图5　三代同堂。后排左一朱小薇（存泗之妻）、左二存泗、左三存桂、左四朱雪丽（存桂之妻）。女孩是存泗之女张纬，男孩为存桂之子张纶。

然后兄弟俩每人骑一辆自行车，后面各自带着自己的媳妇，两妯娌轮流抱着我那五个月大的儿子，赶赴天津，再骑到南郊弟弟家，见到父母。

自1973年父亲落实政策与母亲回津以后（祖母在刚到老家两周后即去世），老两口一直由弟弟、弟媳侍奉，直到二老先后离世。这可是三十六年的时间啊！弟弟、弟媳从未表白过功劳，只有我知道此事有多难，所以一直心存感激。但我每次对弟弟、弟媳道辛苦时，他们总是轻描淡写地说"没什么"。

"文革"后，我们生活条件都好了，两人的孩子也都长大了。我每次回津，弟媳都会用最好吃的南方风味的菜招待我，如果吃螃蟹，弟弟或他的女儿会将蟹肉一点点剥出来放到我面前的盘子里——就差用勺喂了！

我俩小时候没有娇生惯养，父母从不偏心其中任何一个，所以我们无须争宠；长大后我俩都是尽早独立生活而不互相攀比；都能主动为家里分忧而不是相互推卸责任；各自的问题都是尽量自己想法解决；遇到好事都能想着对方而不是只想着独占；相互充分信任对方而不为风言风语的挑唆干扰所动。

当然，还有一点极其重要——各自的太太都是明事理的人。

音符的故事

王玉柱

图1中弹钢琴的女士叫幺晓霞，是我的老伴年轻时的样子，她1944年10月13日生于重庆沙坪坝土湾渝新纺织厂民主一村，因生于拂晓，故取名晓霞。她的母亲邓康明，生于1922年2月18日，四川省大足县人，其父是佃农，因无法忍受地主的盘剥，在她两岁时，父母带她迁至重庆磁器口。我老伴的父亲幺维盛，生于1915年10月15日，原是河北省丰南县胥各庄人。1929年至1934年，她父亲先后在天津永义和银号、祥和毛纺厂、东亚毛纺厂学徒。1935年，她父亲到天津义利贸易公司工作，后转到武汉制呢厂上班。1938年汪精卫投敌，日本人轰炸武汉，制呢厂迁到了重庆磁器口。为了在社会上站住脚，不受人欺负，她父亲参加了当地的青帮、汉流等帮会组织，后来到国民党军政部第二毛纺厂担任中尉技佐，集体参加了国民党，任区分部候补委员。她父亲在渝新纺织厂站住脚后，便把老家的父亲和两个兄弟接到重庆。

她爷爷的到来，给他们家带来了厄运——1947年重庆一贯道盛行，幺晓霞的爷爷认为找到了精神寄托，积极参加一贯道的活动，以致走火入魔，天天在神龛前跪拜烧香。因爷爷年龄

图1 幺晓霞在练琴房。

太大,就把幺晓霞的父亲委以办事员,又让全家集体加入了一贯道,这就让幺晓霞落下了三岁参加反动组织的罪名。

幺晓霞共有兄弟姐妹七人,大姐幺桂霞,大兄弟幺洪滨,二兄弟幺洪均,小兄弟幺洪俊,大妹妹幺琳丽,生于1954年的小妹叫幺丽霞。那时没有计划生育之说,生得多被称为"英雄母亲",幺晓霞的母亲为此还戴过大红花。在磁器口读小学时,幺晓霞的成绩很好,读完二年级后,老师就叫她"跳级",她父亲不同意,说还是把基础打牢些好,这样,她循序读到了小学毕业。1958年,幺晓霞就读于重庆市第八中学,初一、初二不太用功,喜欢在上课时偷看《苦菜花》《迎春花》《林海雪原》《聊斋志异》等书籍。另外,由于家中子女多,经济困难,

图2 幺晓霞及兄弟姐妹与母亲合影。

她母亲时常接些毛线活做,三角钱一个边子,六角钱一对袖子,幺晓霞不时把毛线活带到学校,上课时就偷偷地在课桌里打。读到初三时,她好像突然懂事了,不但学习努力,音乐天赋也显露出来。因为家庭经济条件差,家里没有收音机,但能经常听她父亲唱两句京剧:"我好比笼中鸟有翅难展……"耳濡目染加上遗传基因,当时上映的《铁道游击队》《五朵金花》,

幺晓霞看完很快就会唱其中的插曲。她不但教同学，还把会唱的歌对照歌谱，从中找到简单的规律，无师自通地学会了识谱。她初中的音乐老师姓董，嗓子好，平时上课很正规，考试还有旋律记谱题，每次考试幺晓霞都名列前茅。她还会作曲，先后写了《向秀丽》《大炼钢铁》《雪山啊雪山》等十几首歌曲，虽然是小儿科水平，但已能看出她音乐方面的天赋，不仅如此，她嗓子好，音质不错。

由于对音乐的爱好，幺晓霞初中毕业前萌发了考音乐学院的念头，董老师也支持她，利用课余时间对她进行发声、节奏、音准方面的训练。考试那天，一位姓李的老师带着报考的学生到重庆市市中区群众艺术馆考点参加考试。到了考场，李老师叫她们不要紧张，不要擅自行动，进考场时要跟她说一声。由于好奇，幺晓霞偷偷跑到二楼音乐考场，从门缝里看见一个同学正在考声乐。那个同学嗓子不好，唱歌不行，听音、打节奏也差。看见这种情况，幺晓霞顿时信心满满，她忘记了李老师说的话，自己就"破门而入"了。她考试的曲目是《蝴蝶泉边》，她临场发挥得很好，声音明亮，节奏、听音也考得不错。幺晓霞回家几天后没接到复试通知，心里着急，就去找董老师。董老师的女儿在四川音乐学院附初中学小提琴，她听了情况后说："现在都没有接到通知，肯定没有希望了。"幺晓霞不甘心，不相信自己考不上，董老师叫她到艺术馆问一下。第二天幺晓霞赶到艺术馆，一进门就看到墙上贴的各科复试名单上面有自己的名字。她马上找到考场，敲门进去，见老师正在收拾东西，她急忙说是来参加复试的。老师说，我们以为你不来了呢，我们已经订好了下午的火车票，快进来考试吧。

复试后幺晓霞很快就收到四川音乐学院附中的录取通知

书,她高兴极了。就在她沉浸在喜悦中时,忽然有天班主任告诉她,四川音乐学院来通知了,说今年的录取工作比较乱,原发的通知一律作废。听到这个消息幺晓霞非常沮丧,班主任安慰她说:"你成绩好,干脆考普高吧。"幺晓霞说家里穷,兄弟姐妹七个,加上爷爷、叔叔等,共十几口人,只有爸爸一个人工作,经济困难得很,自己还是想考中专,这样可以免交学费。老师听了这话,就叫她抓紧复习。考试的头一天,班主任拿了许多准考证叫幺晓霞发给同学,她心里纳闷,老师为什么叫自己发呢?准考证发完后,竟然没有她的准考证,她立即问老师是怎么回事。老师说:"学校接到电话通知,叫你到中央音乐学院附中就读。"这一下全班顿时炸开了锅,惊讶的,羡慕的,祝贺的,闹成一团。老师说,你可以不参加中考了。回去等正

图3　四川音乐学院同学在校门前合影。前排左五为幺晓霞。

图4 在钢琴房门前与同学合影。后排左一为幺晓霞。

式通知。听见这话,幺晓霞一路飞跑回到家,把这个好消息告诉了父母。不久,幺晓霞又接到川音发来的电报通知:"经研究,你仍然到川音就读。"幺晓霞有些失望,心想可能是当初填报志愿时,把自己的水平估计得太低,三个志愿都写的是四川音乐学院。但回头一想,还是挺高兴,因为总算考上了喜爱的专业。

报名的时间快到了,妈妈家务事多,没有时间管她,幺晓霞就自己收拾行李,打好被盖卷,然后妈妈把她送到小龙坎汽车站就回去了。在市中区下车时，有两个同学见幺晓霞个子小，以为她是初中班的，就帮她拿行李，后来一聊天，才知道是一个班的。四川音乐学院开学，第一项工作就是给这批新生分班定专业。甲班是附初中升上来的，幺晓霞她们是附高中乙班，丙班是为峨影乐团培训的乐队。幺晓霞以为自己是考唱歌进的音乐学院，进校后肯定学声乐，一问老师才知道，招生考的是音乐素质，不是专业，这样，幺晓霞就报考了作曲专业。考作曲专业的老师叫黄虎威。他先考幺晓霞的即兴作曲，所幸幺晓霞平时有些基础，就把平时写的曲子抄写了一首。她还对黄虎威老师说，自己在初中写过十几首曲子，黄虎威老师听了，夸赞她不简单。随后黄虎威老师又在钢琴上弹了大三和弦、小三和弦，叫幺晓霞分辨它们的明和暗。董老师没有给幺晓霞讲过和弦，她只能胡乱回答。后来幺晓霞被分配学作曲，同时学这一专业的还有张定聪、贺元君、李天宇三个女生，王随安、郑光荣两个男生。

1960年，国家正处于困难时期，学生都十五六岁，正是长身体的时候，常常感到吃不饱。在食堂吃饭，每桌用一个大脸盆盛饭。每次吃饭，用竹片把饭平均划分成八份，有的同学来得晚些，他的饭就会被"挖墙脚"；有时饭盆的米蒸得不平，一边高一边低，先来的同学就把高的一边叉走了，最后剩下的是那少得可怜的八分之一。幺晓霞的家庭经济困难，申请了丙等助学金，学校补助四元伙食费，自己交四元。家里一月给她寄十元，故此她的情况稍好些。张定聪家比幺晓霞家还穷，幺晓霞不时要接济她。张定聪申请的是乙等助学金，每月学校补助六元，自己交两元伙食费。因为家境贫寒，她们买不起新裙子，就把被盖面裁成连衣裙，虽然五颜六色的，自己却觉得挺好看。

虽然那时生活比较困难，但幺晓霞学钢琴的热情，比学习主科作曲还高。按照学校安排，作曲系的练琴时间每天只有八个小时。学生多，每个人分得的时间显然不够。为了多练琴，幺晓霞见缝插针，到处找琴练。遇见星期天，她起码用大半天时间练琴，老师布置的作业越多越难，幺晓霞就越高兴。她的钢琴老师叫张爱德，对她要求很严格。每次上课都说她这不对那不对，一度弄得幺晓霞怀疑自己不是学钢琴的料。尽管如此，她仍然坚持上课练琴。半学期过去，学校安排钢琴实习，这时幺晓霞发现高她一班的同学和她弹的是同样的曲目。半学期考查，由任课老师打分，张老师给她打的是五分。面对这种情况，幺晓霞大惑不解，就问张老师："您不是平时总说我弹琴有许

图5 1960年，幺晓霞（前排中）高中毕业前夕与同学合影。

多地方没对吗？怎么又给我打五分呢？"张老师对她说："我不说你的缺点，你怎么肯下苦功练？又怎么会进步哪？我的学生中，你和本科的温建龙是重点培养对象。"听了这番话，她才明白了张老师的一片苦心。

1961年幺晓霞读高二，国家仍处于困难时期。学校把附中迁到了新都县马家场。教室是马家场中学的宿舍，里面摆满了高低床，在讲台上摆了一台钢琴，这台钢琴只供钢琴专业的学生使用，其他专业的学生只能在他们练完后去摸一下琴。没有了练琴时间，幺晓霞她们的钢琴课停了下来。在马家场，学生的生活仍然很艰苦，只有到新都县城才能吃碗抄手（馄饨）。除了上课，她们还得种庄稼，有的男同学实在饥饿难耐，就偷地里的红薯吃。女生则趁赶场（赶集）买些红萝卜，切成滚刀用绳子挂起来，风干后准备放假带回家。虽然条件艰苦，课还仍然上，和声课她们学的是"斯波索滨"。这门课，一些同学觉得枯燥难学，但幺晓霞却十分认真，八小节的和声题她做了两三个小时，做到最后发觉有平行五度，无论如何都避免不了，没有办法，幺晓霞又从头做了一遍。由于马家场的条件太差，学生的学习受到很大影响。幺晓霞的同学任燕西的父亲任白戈是重庆市市长，他向省委反映了川音在马家场办学的情况。川音附中很快迁回了成都。

高三时，姚以让先生担任幺晓霞这个班作曲课的老师。姚老师原是教本科生的，因为1957年被划为右派，才来教附中的课。姚老师的作曲课讲得非常好，幺晓霞她们受益匪浅。教和声学的老师是杨子星，毕业于中央音乐学院，是瞿希贤的学生。知道了杨老师的来历，学生们对他肃然起敬。他上课一口椒盐普通话（川普），表达、视奏能力都不强，但人很随和，

图6 幺晓霞的毕业文凭

常跟学生开玩笑。有一天张定聪在课堂上和杨老师开玩笑过了头,他气得在桌子上猛拍一巴掌,还说要到教务处去反映,吓得张定聪不停地告饶。教视唱练耳的老师叫许光祥。他把学生分成甲乙两个班,幺晓霞分在了乙班。虽然许老师亲切和蔼,但许多同学还是怕上这门课。但幺晓霞喜欢,因为她有兴趣,又非常用功。每天早上起床铃一响,幺晓霞的第一件事就是到琴房练耳听音。经过不间断的学习,后来老师把和弦弹成跳音她都能识别。毕业考试,一位甲班分来的同学仅比她多一分。钢琴课还是张老师教。因为他生病,一度换成了顾馨老师。张老师病愈后回来上课,由于方法的不同,他说幺晓霞的手形有错误的地方。以后又换成了年龄较大的阮老师。授课老师的频繁变换,对学生技巧的提高是会有影响的,但幺晓霞的钢琴仍

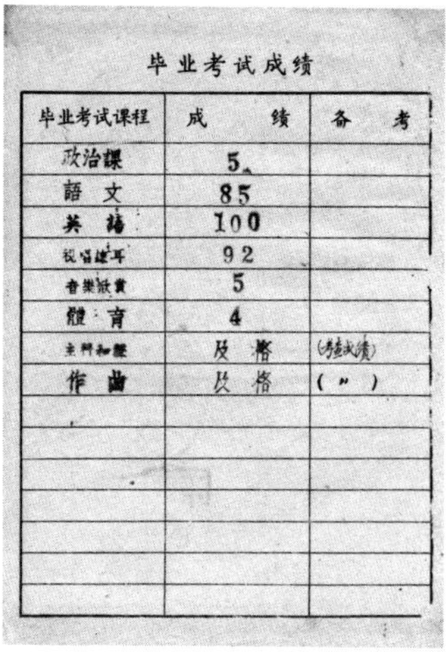
毕业考试成绩

毕业考试课程	成绩	备考
政治課	5.	
語文	85	
英語	100	
視唱練耳	92	
音樂欣賞	5	
體育	4	
主科和聲	及格	(考查成绩)
作曲	及格	(〃)

图 7　幺晓霞毕业成绩

然学得很好。进入高三，幺晓霞取得了入学来的最好成绩。音乐课除和声是五减外，作曲、钢琴、视唱练耳全是五分。因为和声得五减，幺晓霞还去找杨老师问原因。杨老师对她说：再好的学生都没有得过正五分，最高成绩就是五减了。幺晓霞的语文和体育成绩是四分，这个成绩在川音附中是较为少见的。该院附中 1962—1963 学年度第二期对幺晓霞的专业评语是：“主科学习踏实，进步较快。”操行评语是：“要求进步，能认真参加劳动和各项政治活动，并注意从中受到教育。能关心时事，遵守学校纪律，近年来学习努力、踏实，成绩好。望今后能更多地关心集体，更诚恳地对待同学，并一贯如一地要求进步，争取全面发展。”幺晓霞成绩突出，本班的同学夸赞她，有的同学说她是“板鸭”（很用功的意思），甲班的有些同学也对她赞叹不已，夸她是天才，但她清楚自己绝不是什么天才，只是因为自己付出了很多的心血和汗水，才取得了这样的成绩。这份让幺晓霞引以为荣的成绩单她一直小心保存着。

1960 级学生读高四时，学校突然宣布音乐要走“革命化、民族化、群众化”的道路，所以川音决定作曲系、钢琴系停办。“两耳不闻窗外事，一心只读圣贤书”的幺晓霞，对这样的变化大惑不解。许多学作曲、钢琴专业的同学纷纷转学其他专业，

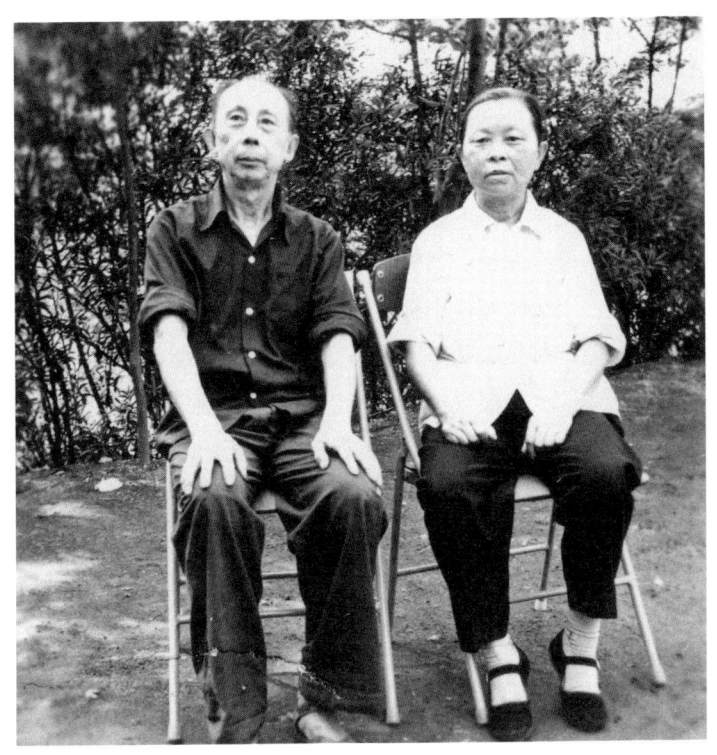

图 8　1983 年，幺晓霞父母的合影。

张定聪改学二胡，郑光荣改学古琴，还有一部分学生转到离川音不远的商干校学会计，全班一片混乱。有一天幺晓霞上完主科回到宿舍，看见某同学哭着把主科笔记撕得粉碎，幺晓霞问她什么原因，她说："就是你在使坏，不然老师怎么会只留你一个人，动员我们到商干校。"幺晓霞知道她误解了，就对她说："这绝不是我出的主意，我一个普通的学生，有什么能力叫学校做出这样的决定？"对于改学专业这件事，杨老师之前给幺晓霞说过这样的话:"你的成绩好,作曲系无论如何要保你。"面临这种情况,学生要想在川音继续学习,唯一的办法就是改学专业。民乐系的苏昭老师了解幺晓霞,亲自带她到民乐系选专业。二胡老师说幺晓霞的小指头短了,扬琴老师说她的手太跛了,古筝老师说她的手指甲太软了。见此情况,苏昭老师就劝她改学古琴。并说:"你是学作曲的,还可以结合古琴搞点研究工作。"幺晓霞说不喜欢弹古琴,如果弹古琴还不如去弹棉花。苏昭老师见幺晓霞这种态度,说那你就准备附中毕业后参加工作吧。幺晓霞升本科的希望破灭了,她只得和几个没有转学民乐的同学抓紧学点实用的课程,以便适应以后的工作。

正在幺晓霞和一些同学在学习实用课程时,中国音乐学院到川音招生来了,他们招作曲和声乐。听到这个消息,幺晓霞和一些同学立即去报考。考完试后,张文治高兴地对幺晓霞说,他写的是小号独奏,感觉还可以。事不凑巧,幺晓霞那天发高烧,感觉不太好。她写的是命名为《小曲》的琵琶独奏,老师问她为什么取名《小曲》,幺晓霞说不出道理。几天后,杨老师对他们说:成都考区张文治第一名,幺晓霞第二名,张定聪第三名。但前三名都没有被录取,中国音乐学院要的是第四名陈应政,他出身于革命家庭。张文治出身贫农,又是附中升上来的,川音把他留下了。幺晓霞和张定聪家庭出身不好,哪个学校都不要她们。幺晓霞和张定聪及一些成绩好的同学被"请"出了校门。此时,雅安地区新成立了文工团,急需专业人才,派人到川音来联系。这样,幺晓霞、洪文莉、贾季明、郑胜国、吕祖俊就被分配到了雅安。

难忘的农村户口

李承言

1976年夏,山西临汾师范学校想办个英语专业班,把我从雁北地区一所农村中学调了过去担任专业课教师兼班主任。因为我妻子是农村户口,按规定不能分配家属房。可是我老家在浙江,妻子虽是本地人,但是按照她家乡的风俗,女儿嫁出去是不能回娘家住的。当时又不可能租到房子,但总得有个住处,学校决定对我特殊照顾,把操场边一间八平方米的破旧房子分给我,"文革"期间,曾有支教的解放军在这间房子喂过马。我高兴极了,管它是马厩还是猪圈,住进去再说。就这还引起了许多家在农村的老师们的羡慕呢!

教学工作开展得很顺利,生活却处处碰到困难。在那个买什么都要凭"证"的年代,就连买块豆腐也要副食供应证,口粮也无法解决。妻子、女儿都是农村户口,农民在城市里即使有住房,也是很难生活的,因为不能安排工作。当时国务院规定,机关干部每年有千分之三的"农转非"指标,就是说,每年每一千名干部中有三家可以从农村户口转为城市户口。听到这个消息,我马上写了个申请,校长同意申请并签字"情况属实,同意转为城市户口",并盖了学校公章。我高兴地把它交

图1 1978年11月12日，妻子和二女儿在临汾师范学校的家门口。

到地区革委会文教部，日日盼望传来好消息。一日，遇到文教部秘书，他是个十分正直的人，主动对我说："你别以为交了申请就有希望了，文教部下属卫生、教育、文化、体育四个系统，一千五六百人，一年是有五个农转非指标，但是地区医院里的院长、科主任和许多老医生的家属也都是农村户口。地区和文教部的领导平日里生病都是他们给医治的，你说，如果有一个指标，是先批给你还是批给他们？我那里就有一百多份申请，所以你不要抱什么希望，还是自己另想办法吧！"

自己能有什么办法呢？

1978年3月，全国科学技术大会在北京人民大会堂召开。

大会闭幕式上播音员朗诵了中科院院长郭沫若的书面讲话《科学的春天》。从此,知识界掀起了学外语的热潮。一位老师启发我,现在英语吃香,你干脆到山区去教书,条件是让他们给你妻子安排正式工作,这样,孩子的户口也就随之解决了。在那个一切服从组织安排的年代,带着条件提调动,这是不可想象的。但也别无他法,我决定一试。果然,吕梁山深处的隰县中学欢迎我去。隰县教育局局长是个大学生,既懂教育又爱惜人才,当时他们急需一名英语教研组长。事后才知道,县教

图2　1978年11月12日,我和大女儿在临汾师范学校教学楼前。

图3 1978年11月12日，全家在临汾人民公园合影。

育局长接到我的联系信后，立即请示县委书记。书记说："安排正式工作没问题，每年我们都有就业指标。问题是你们一定要了解清楚这个人的情况是否属实。是否身体有病，能不能坚持工作；还是调皮捣蛋不好好工作，人家不要了甩包袱。"正好隰县中学的教导主任有个同学在临汾师范和我是同一个教研组，他回复说："人品没问题，业务知识也扎实，确实是户口问题。"这样，他们才放心了，立即给临汾师范发商调信。

没想到，新问题又来了，地区教育局局长不批，他说："英语班刚进校，你走了，那两位刚毕业分配来的老师我不放心。"我说："调动就像找对象，要双方同意才能成。在临汾，你不能解决我家属的户口问题，现在隰县要，你不让去。等到英语班毕业,人家已经找到了另外的人,就不要我了。"我跟他开玩笑说:"临汾和隰县的教师都归你管,我从临汾到隰县,还是你手下的人,你没损失啊!"这位局长是从中山大学毕业的广东人,大概对南方人在北方工作的艰辛也深有体会,最终还是批准了:"好吧,破例放过,下不为例。"果然,后来临师有多位教师也学我的做法,要去山区,都没有被批准。

1978年12月,我来到隰县中学。妻子终于有了正式工作,两个女儿也随之转为城市户口。为了报恩,我全身心地投入教学工作中,因材施教,分层辅导,优生争取拔尖,差生也很快得到进步,家长满意,学生高兴。苍天不负有心人,1981年,

图4　1978年11月11日,临汾师范学校英语班欢送笔者(第二排左六)荣调。

图5 1982年8月5日,我与大女儿在天安门广场。

图6 1983年在隰县中学的全家照,妻子和女儿都成了"城里人"。

我的学生张剑平在高考中英语单科成绩取得了全省第一名的好成绩。省报和省电台都做了报道，"深山飞出了金凤凰"。人们奔走相告，小县城沸腾了，这是史无前例的！平川地区的老师们都感到震惊。已经调到临汾师专担任副校长的县教育局原局长贾江，当天专程从临汾赶回隰县，一进我家就激动地说："李老师啊，今天你总算让我挺直腰杆子了。你不知道，我也不能告诉你，当年把你从临汾请来，我顶着多大的压力啊！你知道，那时中学的校长和许多老教师的家属都是农村户口，他们说：'我大学毕业就来山区，干了近二十年，家属还是农村户口。李承言刚来，为什么就这么照顾？'我只好说：'咱们现在最缺的就是外语教师，你不给人家一点好处，人家来山区干啥？'现在好了，我可以理直气壮地说，你们在山区干了二十年，连个地区第一都没有考过，人家刚来两年，就考了全省第一，说明我的眼光没有看错。"当时全国正在补调工资，临汾行署分管教育的副专员给县里打电话，让他们给我调一级工资。县政府还把我评为当年的县劳动模范。

那年秋季开学时，邻县几位要报考英语专业的高三学生慕名转到隰县中学。1982年我带的文科毕业班五十多人，考取大学的十三人，其中五人是英语系本科。往后几年，隰县英语学科在高考中的成绩始终名列地区前茅。

为了支持我的工作，在学校幼儿园当园长的妻子包揽了全部家务，照料我和两个女儿的衣食住行，没有一句怨言，她确实是一位贤妻良母。而我却无暇顾及女儿的学习，以致大女儿在本校上初一时英语成绩却不及格，成为全校老师的笑料。两个女儿都没能跨入大学的校门，是我这辈子都无法弥补的遗憾，实在对不起两个女儿。直到今天，她们也成为母亲，因工作繁

图8　1988年4月7日，隰县中学外语组欢送笔者（前排右四）调出。笔者1987年7月调走，此为1988年4月搬家时补照。

忙无法辅导自己孩子的学习时，才真正理解了她们父亲当年的无奈。

由于我的学生考了全省第一，我在地区和全省的中学外语教育界都小有名气。1987年7月，我被调到临汾市教育局搞英语教研工作，被评为中学高级教师，还被选为临汾地区中学外语教学研究会副理事长，帮助地区和省教研室做了不少工作。

今天，城乡统一的户口登记制度全面建立，各地取消了农业户口与非农业户口的性质区分，农村人可以在二三线城市自由落户。"城里人"和"乡下人"户口身份之别不复存在。想当年，"城市户口"是多少人羡慕和梦寐以求的目标啊！为了妻子和女儿的城市户口，我竟然在山区整整奋斗了八年半。真是难忘的农村户口！

四十年的同学情

——我和德国留学生库尔特·维思加

李全举

四十年前的一天,我和德国留学生库尔特·维思加在北京大学未名湖前合影留念(图1)。

那个时候中国只有几所高等学校有外国留学生。当时来中国留学的外国留学生的语言能力都比较差,并且对中国社会很不了解。为了让他们尽快熟悉中国,提高他们的语言能力,学校安排中国学生一对一地与外国留学生同住同学习。

1977年9月初,北京大学哲学系的领导通知我去留学生办公室报到,分配给我的任务是陪同外国留学生读书,简称"陪读"。几天之后,我搬进了留学生宿舍楼。当时,留学生宿舍楼在北京大学南大门的右侧,是两栋三层筒子式的小楼,靠近大门的小楼是女生宿舍楼。每位来学习的留学生都有一名中国学生陪同,两人住一间房。对我们中国学生来说,这里的条件是相当不错了。楼内设有门卫、洗浴间、食堂等公共设施。食堂是专门为外国留学生开的,费用很高,我们吃饭还要去学生灶打饭。在印象中,国家还为来中国的留学生每月补助一百二十元人民币。

库尔特出生在德国的一个工人家庭,在德国他学习的是经

图1　我和库尔特在北京大学未名湖前合影。

济学,是由德国一家企业推荐到中国学习的。他先在北京语言学校读了一年汉语,然后转到北京大学来读书。他离开北京大学后又在德国的大学继续读书,成为经济学博士。

库尔特高高的个子,棕色头发,大眼睛,留着络腮胡子,私下里我开玩笑称他为"马克思"。他为人谦虚和蔼,有礼貌,我们对他印象很好。他勤奋好学,记得每个星期天,他都要和来自德国的另外四个同学(其中玛加丽特是他的女朋友,后来,玛加丽特成为著名的心理学家,为中德心理学的交流和发展做了大量工作）一起集中学习马克思的《资本论》。在将近一年的共同生活中，我们结下了深厚的友谊。他年长我几岁，虽然他的汉语表达能力不够流利，但是从他的言谈举止中我可以感受到，他是一个值得我信赖和尊敬的外国朋友。朝夕相处，我们从相识到相知相助，逐渐有了点哥儿们的意思。现在回想起来，有几件事情至今难以忘怀。

1977年国庆节前夕，学校为招待在校的外国留学生举办了国庆晚宴，这是我有生以来第一次和外国人在一起吃西餐。就餐时，外国同学都拿起照相机（那时的中国学生很少有照相机）拍照留念。当一位留学生把镜头对准我时，我感到很不自然，在库尔特和一位来自冰岛的同学的注视下，拍了这样一张满脸尴尬的照片（图2）。

图2 我和外国留学生一起吃西餐。

图3 我和库尔特、玛加丽特、李凤鸣在北海公园。

由于我经常与库尔特及其他几位德国留学生接触，便萌发了学习德语的念头。由于各种原因，直到分别前夕也没有学会几句德语。当然，学会了的几句永远也忘不了，每当我见到德国人时还能来几句：早上好——Guten Morgen！白天好——Guten Tag！

1977年10月1日，我和玛加丽特的同屋李凤鸣同学陪同库尔特、玛加丽特、史德安、西加琳等几个德国留学生去颐和

图4 我们和留学生在迎新晚会上合唱。

园游览（图3）。我们来到昆明湖边准备乘船游览，但是等待坐船的人很多，人们排在很长的队伍中在等候。我想请他们以外国朋友的身份优先登船，但是他们婉言拒绝了。他们表示不愿意显示自己有什么特殊的地方，要和大家一样排队登船，这件事虽小，但是至今难忘。

1978年元旦前夕，年级学生会组织了迎新联欢会。陪同外国留学生的我和燕国俊、刘胜康与外国留学生一起上台表演了小合唱，现场气氛热烈，生动有趣。这张照片是库尔特为我们留下的合影（图4）。

摄影爱好成就了我一辈子的事业。记得在上学期间，我喜欢摆弄库尔特带来的一台单反照相机。单反照相机在当时很高级，普通人是用不上的。有一次，北京展览馆举办苏联绘画展览，我借了他的照相机去参观拍照。当时，展览馆没有规定禁止使用闪光灯拍照。我用闪光灯拍摄展览作品，用闪光灯拍摄有反光的物体，实际上都是错误的行为。现在看来，当时的摄影水平幼稚可笑，不过当我举起照相机拍照时，周围送来一片羡慕的目光，我心里美滋滋的。毕业前夕，我还用他的照相机为我很多同学拍了彩色照片留作纪念。如今每当我欣赏那些彩色照片的时候，感觉它是那么的珍贵，真的感谢库尔特的慷慨与友善！

1978年7月23日，这一天是我和库尔特分别的日子。分别的前夕，我和库尔特互相赠送了小礼物。他知道我喜欢写毛

图5　欢送库尔特回国，我们在留学生楼前合影留念。

笔字，特意送了我三支一套善琏湖笔厂出的毛笔。那天小雨下个不停，似乎想要留住归国的朋友（图5）。库尔特、史德安、科伟林、席加琳几个留学生就要回国了，我和同学把他们送到北京火车站，但是总觉得没有尽到同学的一片心意。当列车开动时，我和库尔特紧握着的双手还舍不得松开，直到列车在我们的眼前消失。我心中还在默默念着：再见吧，我亲爱的同学！再见吧，我亲爱的朋友！

之后，我和库尔特保持着书信来往。1983年他给我寄来一盘用中文录音的磁带和一把瑞士小军刀，他的声音让我感到特别亲切，这盘磁带我至今还保存着。1986年，我因公到上海出差，恰好库尔特也在上海办事。分别八年后，我们终于在上海又见面了。那天，我们沿着黄浦江边一边散步一边观景，晚上又在库尔特下榻的饭店聚餐。我们边吃边聊，真是兴奋无比！

1990年，我收到日本金泽大学的入学通知书。在我去日本留学前夕，我和库尔特通了电话。他得知我要去日本留学，非常高兴，向我表示祝贺并且开玩笑地跟我说，以后你用日语跟我交流。由于在日本留学期间生活学习很紧张，我的住所又多次变动，从此，我和库尔特失去了联系。

1998年北京大学100周年校庆，由于我远在外地，没有参加校庆活动。我的同学燕国俊和李凤鸣在参加校庆活动时，意外碰上了库尔特（图7）。匆忙之间，他们没有留下对方的联系地址。多年之后，我才从他们那里了解到，库尔特在这期间来过中国。

2009年的一天晚上，我在家里电脑上网。突然一个念头在我的脑海闪过，不知道库尔特现在哪里，在干什么，能不能找到他？我随即在互联网搜索，我翻着网页寻找着，突然一个熟

图6　我在石川近代文学馆前留影。

图7　库尔特和燕国俊、李凤鸣合影。摄于1998年。

悉的名字跳进了我的眼帘，库尔特·维思加，而且还有他的中国手机号码。我兴奋至极，当即拿起电话打了过去："你好，是库尔特吗？我是李全举。"电话那头的库尔特也十分吃惊，十九年后我们竟然联系上了。当我得知他在北京，表示有机会要去看他，可是他遗憾地告诉我说，他在中国的工作已经结束了，过几天就要回德国了。没想到在回国前我能找到他，事情就是这么巧合，只要差几天，我们可能这辈子就再也联系不上了。我们相互记下了各自的网址和邮箱，发送了各自家庭的生活照片。真高兴，在以后的日子里，我们便可以通过互联网保持永久的联系了。

2017年4月，我去欧洲四国旅游，临行前我和库尔特在互联网上进行了沟通。我把我的行程发给他，在我们用邮件联系的时候，他告诉我他还有微信。但是他不太会用，也不经常用。后来，我找到已在德国定居的同事吕瑞光，通过他的帮助，我和库尔特建立了微信联系，这样我们就可以天天用微信问候了。

4月中旬，按照旅游行程我到达德国法兰克福。这时库尔特已经早早赶到了法兰克福的罗马广场中央等候我们的到来。在我到了罗马广场时，远远地就认出了库尔特，我们互相喊着对方的名字，然后激动地拥抱在一起（图8）。我们互相打量着对方，近四十年了，这时的库尔特已经是将近七十岁的人了。他原来棕色的头发和胡子都已经变成白头发和白胡子了，而我也由满头的黑发变成了一个头发稀疏的花甲之人了。我开玩笑地跟他说，你现在就是一个库尔特老爷爷了！库尔特也风趣地说："我不要那么老，你不要叫我老爷爷。"

在法兰克福罗马广场，库尔特陪同我们参观了广场旁边的保尔大教堂，后来我们找到一家地道的德国餐厅，一边就餐一

图 8　我和库尔特在法兰克福。

边共叙友情。在进餐时,库尔特指着一盘菜边上的一小块酱料说,记得在北大上学时,吃西餐的时候你说这是什么,你还记得吗？我一时想不起来摇摇头说忘了,他哈哈大笑起来。随后我突然又想起来啦,我说,我当时说这像鸡屎,哈哈哈。我们不约而同地大笑起来。

2017 年 5 月,库尔特受中国有关部门的邀请,参加北京 2017 第二届中国国际能源互联网博览会会议并做专题演讲。库尔特离开学校后,一直在能源领域工作,已经成为能源方面的

图9 四十年后,我们又欢聚一堂。

专家,多年来他代表德国能源企业为中国能源的发展提供了很多建议和方案。

这次国际会议结束后,我邀请他来我家里做客,同时我还邀请了在北大上学时陪同留学生的同学燕国俊和李凤鸣夫妇。这时库尔特的汉语已能讲得很流利,席间大家无所不谈,欢声笑语一片。两天后,我又邀请了在京的当年陪同外国留学生的中国同学解永全、王法兴、钱文华、尹秀云等和库尔特欢聚在聚德华天烤肉宛饭庄。四十年未见,大家见面后感慨万千,有说不完的话。

忆沂水县文艺宣传队

徐厚来

1970年10月,我被沂水县革委组织组从崖庄公社革委会调到县革委政治部,奉命组建县专业文艺宣传队。我们在原县业余宣传队的基础上,选拔了一批年龄在十五岁至十八岁的男女演员,建成了沂水县专业文艺宣传队。

文艺宣传队刚刚建成就显示了她蓬勃的青春活力。队员们个个生龙活虎,有着极高的工作热情。他们几乎人人一专多能,每人会用几种乐器,登台会演唱,下台抓起乐器会伴奏。当时虽然只有二十几个人,却能完成几十个人才能完成的演出任务。

那时排练演出异常繁忙,每天要工作十几个小时,却从来没人计较。我们的宗旨是"坚持文艺'双百'方针,全心全意为广大工农兵群众服务"。我们根据本地特点,编排了丰富多彩的文艺节目。既有戏剧和舞蹈,又有独唱、清唱和表演唱等,很受观众欢迎。每年从正月初二开始,为县里几个大会演出二十多场。从二月初开始,演员们就拉着地排车、推着独轮车,一路步行为群众送戏上门,不管走到哪里,都受到当地领导和社员群众的热烈欢迎。

1971年12月,我们到全县最偏远的山庄小崮头村演出。

1973年4月,宣传队员正在搭建流动舞台准备演出。

1973年5月,沂水县文艺宣传队队员在院东头公社搭建流动舞台准备演出。

这个村在海拔五百多米高的山上，山路崎岖，很少有人光顾。那天特别冷，山高风大。台下有近万名从四面八方赶来的群众观看演出，演员们身着单衣在台上演唱。特别是当《沙家浜》选段中扮演沙四龙的刘智存光着膀子、提着鱼蟹上场时，引起台下一阵轰动，许多观众被演员投入的演出状态感动了。村民纷纷把自家的松枝抱出来，围着舞台生起几堆大火给演员取暖。演员们也倍受鼓舞，演出得更加投入和认真了……演出结束了，台下的观众还没看够，坐着不肯走，一直热烈地鼓掌。见此情景，演员们争着重返舞台为观众演唱歌曲和样板戏选段，一直

1974年5月，沂水县文艺宣传队前往泉庄公社演出。

1974年6月,沂水县文艺宣传队在马站公社流动演出。

1975年6月,沂水县文艺宣传队队员在泉庄公社演出前,在小溪边洗衣服。

1975年6月,沂水县文艺宣传队和马站二中宣传队联合演出时,到场的学生和观众。

1975年6月,与马站二中联合演出时,演员高美振的女声独唱。

持续到深夜。我们站在山上，看到散去的观众打着的手电筒和举着的火把汇成了许多条灯火长龙，在弯弯曲曲的山间小道上时隐时现，心里感到无比满足。时值半夜，当我们返回驻地时，天已经大亮了。

1975年夏天，为了帮助群众收好小麦和进一步活跃农村文化生活，我们化整为零，分成五个小分队到各个村里去演出。演员在社员家里同吃同住，白天同社员一起劳动，利用休息时间在田间地头为群众演出。晚上组织男女青年教唱革命歌曲，学习舞蹈和表演唱。转眼一个多月的时间过去了，当地的干部群众怎么也舍不得我们走。许多群众流着眼泪欢送我们，我们也眼含热泪与当地群众依依惜别。

1975年6月，在马站公社演出《绣军鞋》剧照。

《一家人》剧照。剧中演员：宋乐青、杨青。1979年7月于济南演出时。

泉庄公社岗崖村是全县出了名的缺水村，当地群众从十几里外的地方挑水吃，视水如油。在出发前听了公社领导的介绍后，演员们都提前化好了妆，带妆出发。可是到了那里一看，村里群众已经为我们准备了几大缸清水。原来，听说我们去演

1978年7月,沂水县文艺宣传队前往道托公社流动演出。

出,村里组织群众天不亮就开始为我们挑水了。演出结束后,演员们谁也不舍得用村里的水洗脸卸妆,又全部带妆返回驻地,为崮崖村的群众节省了几大缸饮用水。

我们县文艺宣传队有着严明的纪律和优良的作风,不管走到哪里都给那里的领导和群众留下了良好的印象。建队十几年来,除了外出学习和在家短时间的排练外,大多数的时间是上山下乡为群众送戏上门。我们走遍了全县的山山水水,为群众演出了几千场戏。在那文化生活十分贫乏的年代里,这支文艺战线上的轻骑兵,以真诚朴实的工作作风赢得了全县人民群众的关心和爱戴。

一块巨石的往事

蔡力杰

几年前,我曾偶然在国家图书馆的网络资料里发现了一张民国老照片,由于其拍摄的是我的家乡——福建省东山县的风物,令我倍感亲切。一开始我仅将其视为普通游客照,但随着研究的深入却发现这张照片其实大有来头:它不仅见证了一个时代的变迁,也披露了一段鲜为人知的历史。

这张老照片现存于南京图书馆。据国家图书馆的资料显示,此照拍摄于1933年,照片上的三个人乃是时任东山县县长的刘太希及其同僚。右边的一位身材瘦削,梳油头,穿风衣;中间的一位体壮略矮,戴礼帽,也穿着风衣;唯左边的那位,身形伟岸,戴礼帽而穿长袍,臂悬文明棍,气质更与二位不同,他便是县长刘太希。

照片上潇洒时髦的三位男士固然让人浮想联翩,不过背景中那块巨大的磐石更耐人寻味。它的造型浑圆厚重,殊为奇特,尤为可贵的是其上石刻记录了朝代的兴衰更替和世事变迁。巨石左侧凿刻着遒劲有力的擘窠大字"铜山三忠臣",一行小字"黄道周、陈瑸、陈士奇",落款为"永历戊子秋广平路振飞题",右侧也有历代文人留下的大片题刻。

1933年,东山风动石旧照。左为刘太希。

所谓的"铜山三忠臣"是指东山县(旧称铜山)历史上三位赫赫有名的忠臣:黄道周、陈瑸、陈士奇。作为东山乡贤,三人在晚明时代身居高位并皆因抗清而殉国,彪炳史册,将其三人的名姓镌刻于不朽的巨石之上,正是为纪念三人的卓越功勋和崇高气节。而题刻者路振飞也大有来头。路振飞是明代崇祯年间的御史,以直言敢谏闻名。崇祯帝煤山自缢后,路振飞效力于南明小朝廷,弘光年间唐王在福州称帝,封路振飞为太子太保、文渊阁大学士、吏部尚书,官至一品大员。到了永历元年,永明王又诏命路振飞到广东肇庆赴任,途中路振飞恰路过东山，于是留下了老照片上所见的这处题记。从某种程度上看，路振飞题写的"铜山三忠臣"不仅是对本朝忠臣的旌表，更是一种自勉。遗憾的是，就在路振飞写下"铜山三忠臣"后不久，他便死于中途。这简简单单的五个字，凝聚了一个时代的悲剧与忠烈，铭记了四位忠臣的追求与理想。

然而，更让人唏嘘的事情还在后面。20世纪60年代中期，由于"孝子忠臣"这类词语被视为封建糟粕，巨石上的"铜山三忠臣"题刻也未能幸免，惨遭铲除，改镌"铜山风动石"。而到了70年代，本地的打石工人财迷心窍竟想炸碎巨石，出售石料，幸而本地民众纷纷挺身阻止，才使得这方巨石幸免于难。

东山风动石现状

晚年的刘太希先生

事后,接受有识之士的建议,人们将毛泽东"风景这边独好"的诗句题刻在了石上,此方巨石始得彻底摆脱了危机。

如今"风动石"已成为东山县的一张旅游名片和标志性景点,不幸的是,来来往往的游客面对着如今"铜山风动石"的新题刻却再也无法将之与这块传奇的巨石背后所蕴藏的传奇与感动联系到一起了。而当年的县长刘太希显然比今人幸运得多,面对着这意味深长的"铜山三忠臣"题刻时,他一定颇有触动,更传奇的是刘太希的人生命运似乎也与这块磐石有着冥冥之中的联系。

刘太希1898年出生于江西省信丰县的一个官宦家庭,其父刘楠轩为官四十余载,廉洁奉公,享有清名。作为世代书香门第,刘太希自小饱读诗书。1919年,刘太希被蔡元培破格录取进入北大预科就读,受到了国学大师黄侃的青睐,学业精进。从北大毕业后,刘太希返回江西任省第四中学校长,后改任星子县县长,1933年他又上任福建省东山县县长。正是这年,刘太希和两位同僚留下了这张意气风发的合影。

从史料上看,刘太希在东山并无多少建树,但是他的人生转折却是在东山实现的:就在刘太希赴任这一年,他毅然辞职。七七事变后,面对民族危机,他以一腔爱国之情投入抗日活动。国民政府后授予刘太希少将参议衔,他除了料理日常军务外,在抗战期间题写了大量的诗词来激励抗日将士,拳拳报国心,分明可见。

与三忠臣的以身殉国不同,刘太希熬过了抗战并有着多彩多姿的后半生。抗战胜利后,刘太希辗转来到了香港,他有空便写诗作画,与张大千结下真挚的友谊。1952年,刘太希离港受邀到新加坡南洋大学任中文系教授,主讲《诗经》和《史记》。50年代后期,刘太希又到台湾定居,身兼辅仁大学、台师大、文化大学、东吴大学等台湾高校的中文系教授。开设了"《诗经》""《楚辞》""《左传》""《文心雕龙》""要籍解题"等课程。后半生的刘太希把自己的精力倾注在学术和教育事业上。1989年,刘太希病逝于台北。

80年前的米脂一家人

杨廷华

一

我与这幅老照片（图1）的偶遇，缘自2018年国庆期间的一次自驾游。

"米脂的婆姨绥德的汉……"这首流传久远、脍炙人口的民谣，让我很多年前就知道了米脂。米脂地处陕北，是陕西省榆林市的一个县，地方不大却名声在外。2018年国庆期间，经不住诱惑的我自驾来到了米脂。

其实米脂除了秀外慧中的婆姨们，还是一个名人荟萃的地方，农民起义领袖李自成、抗日名将杜聿明、提出"精兵简政"的李鼎铭、著名摄影师杜修贤……当然还有传说中的美女貂蝉。可参观的地方有杨家沟马家庄园中共中央旧址，砖、木、石三种雕刻艺术都十分讲究的姜氏庄园等。

二

正是在姜氏庄园，我遇到了老庄主姜耀祖的曾孙姜纯亮。

姜纯亮生于1949年，与共和国同龄，2018年七十虚岁，比我大六岁，我称他姜大哥。我们俩有点儿一见如故的感觉，他带我来到了一孔"游人止步"的窑洞，窑洞里挂着和摆着不少镶在相框里的照片，有黑白的也有彩色的，大都是他家人的。我问他还有没有更老的照片，他说有一张他外公家的全家福，因为相片四周缺损了不少就没往外挂。面对这幅虽有缺损但仍然珍贵的全家福，我一边小心翼翼地用照相机翻拍，一边用纸笔逐一记下了照片中十五个人的身份和简单情况，这才有了今天与大家分享的《80年前的米脂一家人》。

图1 姜纯亮外公赵丹如大家庭的全家福。1938年左右摄于米脂县东门外宋家街。

图2 姜纯亮的外婆高氏。拍摄时间不详。

三

感谢姜纯亮大哥！尽管时间仓促，他仍然不厌其烦地为我介绍了他所知道的照片中人的情况，为我们解读这幅老照片（图1）提供了可贵的第一手资料。

这幅照片拍摄时间为1938年左右，拍摄地点是米脂县城东门外的宋家街，照片中的人是既有土地又做买卖的赵丹如（第二排戴礼帽者）大家庭的成员。

凭什么认定拍摄时间是1938年左右呢？姜纯亮说，后排左五还在怀抱中的小孩是他姐姐姜秀萍，看样子有三岁左右，

183

他姐姐现住在西安市，2018年八十三岁，这样推算就把拍摄时间认定为八十年前的1938年左右。姜秀萍也是到笔者采访时老照片上仍然健在的两个人之一，另一位健在者是姜纯亮的表姐赵谦萍（后排左三的小孩）。

四

一幅老照片，穿越八十年。让我们来依次认识照片中的人们——

前排的四个孩子高高低低，但每人都坐着一个小板凳。

左一是姜纯亮二外公的儿子赵锁成，生前在米脂县城开食堂，20世纪90年代去世。

图3 姜纯亮母亲赵淑荣中年时的照片。拍摄时间不详。

图4 姜纯亮母亲赵淑荣老年时的照片。拍摄时间不详。

图5 姜纯亮的二舅赵锁明中年照片。拍摄时间不详。

图6 姜纯亮的二舅赵锁明老年照片。拍摄时间不详。

　　左二穿花裤子留分头的是姜纯亮的姨姨赵淑莲，生前在长春电影制片厂从事电影剪辑工作，我们看过的很多老电影有的说不定就出自她之手。

　　左三是姜纯亮三外公的儿子赵润儿，生前在西安市工作。

　　左四是姜纯亮的三舅赵锁智，生前当过米脂县小学校长、县斌丞图书馆馆长。

　　认识了前排的四个小孩，我们再来认识第二排正襟危坐的几位老者。他们从左至右依次是，姜纯亮的三外婆（姓氏不详），二外婆常氏，外婆高氏，外公赵丹如（戴礼帽者）。

　　我把在地上站着的都算作第三排，从左至右依次来认识他们。

　　左一是姜纯亮的二舅赵锁明。他的经历最丰富，曾当过解放军，转业到地方后担任过延川县委书记和西安市委秘书长，享年九十五岁。

左二是姜纯亮的前二妗（姓氏不详）。

左三是照片中最小者，姜纯亮大舅的女儿——表姐赵谦萍，退休前在榆林市气象局工作，今年八十多岁了。

左四是姜纯亮的大妗申氏，米脂家庭妇女，20世纪80年代去世，享年七十多岁。

左五是姜纯亮的姐姐姜秀萍，现住在西安市。

左六是姜纯亮的母亲赵淑荣，米脂县印斗镇刘家峁村人，2003年去世，享年八十四岁。

左七是姜纯亮的大舅赵锁存，早年经商，后来成为米脂县

图7　2018年国庆期间，作者杨廷华（右）在姜氏庄园采访姜纯亮。

百货公司的职工（我分析有可能是在工商业社会主义改造过程中转换身份的），20世纪90年代去世，享年七十九岁。

五

1938年左右的中国，艰苦卓绝的抗日战争正在进行，劳苦大众还普遍生活在水深火热之中，我想，沟壑纵横的陕北米脂应该也好不到哪里去。

我们不知道当年赵丹如先生动意照这张全家福的缘由，但老照片却从一个侧面告诉了我们他家当时相对富足的生活状态，也让我们穿越时空，看到了八十年前的米脂一家人，当然，也包括八十年前的米脂婆姨们。

《老照片》与百姓"尊严"

冯克力

前些时候，应天津天泽书店之邀，与读者做了一次交流，话题为"可见的历史与可体悟的尊严"。大意是，二十多年来《老照片》在以照片还原历史真相的同时，也让沉浮其间的当事者及其后人体悟了生命的尊严。不惟如此，《老照片》还一直鼓励平民、个体结合家藏老照片讲述个人、家庭和家族的人生遭际,直接参与历史叙事,并从这样的参与中获得了某种精神抚慰和自我认同。

那天来参加交流的多为《老照片》的常年读者,大家心有灵犀,气氛热烈。置身其间,尤觉《老照片》二十多年的坚持与努力功未唐捐也。

由此想到了正在读的一本《非凡小人物》,作者是英国的一位史学家,名叫艾瑞克·霍布斯鲍姆(上辑"书末感言"里曾提到)。在这本书里,作者另辟蹊径,将历史研究聚焦在织工、鞋匠、农民、乐手等社会底层人物身上。他在"前言"中说道:"这本书所谈论的几乎都是那些默默无闻的人物,除了他们的家人和街坊邻居以外,他们的名字不被人所知晓,即使是在现代国家,那些登记出生、结婚、死亡的政府机关也没有他们的资料……我这一本书的要点不仅仅在于,应该将这类人物从被人遗忘的状态中拯救出来,或是借用 E.P. 汤普森那令人难忘的说法,让他们免于遭受'后代子孙的不屑一顾'的命运。"

其实霍布斯鲍姆的这段话,恰好也可以用来阐释《老照片》的价值所在。《老照片》出版二十三年来,不知将多少小人物"从被人遗忘的状态中拯救出来",使他们免于被"后代子孙的不屑一顾"的命运;而且这些被"拯救"的家藏图文记忆,远远超出了后代对先辈的认同及评价,已承载着个体生命的尊严,融入了国家与民族的历史之中。